hommes & océans

W0390656

Traverser

Photo de couverture : © Isabelle Joschke
Portrait en 4e page de couverture : © Jean-Louis Carli/Alea

© 2024, Éditions Glénat
Couvent Sainte-Cécile – 37, rue Servan
38000 Grenoble
www.glenat.com
Tous droits réservés pour tous pays
ISBN : 978-2-344-06613-3
Dépôt légal : octobre 2024

PEFC PEFC/14-38-00302

Isabelle Joschke

—

Traverser

les océans et autres épopées

avec Valérie Péronnet
pour le chapitre « Prendre soin de soi »

Glénat

À Pierre-François Bonneau,
qui m'a mis le pied à l'étrier.
Merci pour ton amitié.

Préface

—

Traversées

J'ai peur de l'eau. Je ne sais pas nager, encore moins naviguer et rien que l'idée d'affronter un océan, même pas déchaîné, me terrifie. Moi ce que j'aime, ce sont les humains, les terriens (parfois aussi marins), leurs trajectoires, leurs mémoires et leurs histoires, leurs chagrins et leurs espoirs. Comprendre ce qu'ils ont dans la tête, dans le cœur et dans l'âme, même. Écouter leur musique, les aider à trouver leurs mots, m'en régaler.

Quand j'ai rencontré Isabelle Joschke pour l'interviewer, j'étais aussi inquiète qu'elle me propose de m'embarquer sur son voilier qu'impatiente de croiser cette humaine si différente de moi, si courageuse de faire tout ce que je ne fais pas. Et ce qui devait arriver arriva: elle m'a embarquée. Non pas sur son bateau (que Neptune m'en préserve!), mais dans sa traversée, ses quêtes et ses rebondissements, son épopée intime, complexe et bouleversante.

Lors de notre rencontre, puis de nos échanges réitérés s'est opéré un phénomène étrange et assez troublant: plus elle me racontait sa vie et plus je reconnaissais la mienne. Plus elle m'expliquait ses traversées et plus j'y retrouvais les miennes; les nôtres, à nous terriens, nos quêtes et nos rebondissements, nos doutes et nos apprentissages, nos coups de vent, nos changements de cap; nos épopées existentielles.

M'est venue évidemment, à moi qui n'y connais strictement rien en océans, mais qui ai passé la moitié de ma vie à écouter et raconter les autres, l'envie de lire ses mots, de suivre ses pas, de respirer ses embruns, d'affronter ses météos, de m'embarquer avec elle dans cette traversée-là, que vous tenez entre vos doigts. Je lui en avais soufflé l'idée ; elle avait dit pas maintenant ; j'avais répondu quand tu voudras ; et puis j'ai oublié. J'ai continué à la suivre de loin en loin, une course après l'autre, à la télé ou dans les journaux. J'ai vaqué à mes autres livres ; la vie, quoi.

Un jour, elle est passée me voir pour me dire que ça y était : c'était maintenant. Nous avons choisi, ensemble, de faire équipage, elle à l'écriture et moi en appui. Contrairement à beaucoup d'auteurs à qui j'ai prêté ma plume, Isabelle tenait, absolument, à ce que chaque mot de ce livre soit le sien. Je l'ai donc regardée prendre la barre, en mesurant, au fil de cette traversée-là, à quel point elle s'engage, totalement, vers ce à quoi elle aspire. À quel point elle ne laisse personne décider à sa place. Et quelle navigatrice solitaire, étonnante, singulière, elle est.

À la fin de son récit, nous avons choisi de détailler en quelques pages les principaux outils de préparation et développement qui ont jalonné son parcours. Elle m'en a confié la rédaction et, en y travaillant, j'ai réalisé à nouveau combien sa quête ressemble à la mienne ; à la nôtre, nous qui ne nous lancerons jamais sur la Route du Rhum ou dans le Vendée Globe, mais qui avons pourtant, comme Isabelle, des océans à traverser, des ports à atteindre, des coups de tabac (et de Trafalgar) à affronter, des navigations à inventer.

J'adore ce livre, parce qu'il ne ressemble pas du tout à ce que j'imaginais, mais vraiment à son autrice : étonnant et singulier. Pudique et audacieux. D'une complexe simplicité. Une sacrément belle traversée !

Valérie Péronnet,
romancière et journaliste

GRANDIR

Oser rêver

– Vous avez grandi près de la mer?

Je ne sais combien de fois on m'a posé cette question! Ni combien de personnes se sont étonnées de ma réponse: non seulement je n'ai pas grandi près de la mer, mais je l'ai découverte assez tard. Je suis née à Munich, en Allemagne, d'un père allemand et d'une mère française. Rolf était physicien, puis il est devenu informaticien, et Mireille enseignait l'allemand. C'est comme ça qu'ils se sont rencontrés à la fin des années soixante, lorsqu'elle était assistante dans un lycée de Bavière. Ils militaient tous les deux et chacun était l'aîné d'une fratrie de trois: trois filles du côté de ma mère, trois garçons du côté de mon père. Il était solitaire et fuyait la société, elle était volontaire et engagée. Ils se sont mariés en catimini; elle portait une robe courte, lui une longue barbe à la mode de l'époque.

Mon frère Christian est arrivé un an avant moi et, peu après ma naissance, mes parents se sont installés en région parisienne. Enfants, nous avons beaucoup joué ensemble, Christian et moi, et nous nous sommes souvent disputés. Nous étions proches et complices. J'étais combative, et en cela ma mère m'encourageait. Christian, lui, ne profitait pas de son avantage physique.

Nous sommes allés à l'école primaire à Palaiseau, puis au collège dans l'Ain, à Ferney-Voltaire. Loin de la mer. Mais nous nous rendions chaque été en Autriche où mon père était né. C'est là que j'ai découvert la voile, car la maison de ma grand-mère surplombait un très beau lac entouré de montagnes. Thomas, l'un de nos voisins, à peine plus âgé que moi, me fascinait : il naviguait en Optimist[1]. Je le voyais claquer la porte de sa maison, descendre sur le ponton, mettre à l'eau sa petite coque rectangulaire, gréer son voilier, puis quitter le rivage quand le vent était bon. Moi, je m'asseyais dans le jardin de ma grand-mère, au fond d'un bateau en carton improvisé par ses soins, avec mon petit peignoir hissé sur un bâton en guise de grand-voile. D'une main, je tenais une branche qui me servait de gouvernail, et de l'autre, la ceinture du peignoir qui jouait le rôle d'écoute.

– Je suis Thomas !

Fièrement, j'inventais le plaisir de manier la barre et de régler ma voile. Rêver me procurait une joie immense et la liberté qui ne s'offrait pas – encore – à moi. L'envie de naviguer ne m'a plus jamais quittée. Il paraît qu'une fois, peu après ces vacances, j'ai répondu à ma mère qui proposait de rehausser ma chaise avec un coussin :

– Ce n'est pas un coussin, c'est mon bateau !

Puis un jour, j'ai eu le droit d'embarquer dans l'Optimist de Thomas et de faire un tour avec lui sur le lac. J'avais 5 ans et ce souvenir reste un des plus marquants de mon enfance. Après cela, pendant plusieurs années, j'ai rêvé de traverser le lac et de longer ses rivages inhabités aux pieds des montagnes. Je me voyais partir à l'aventure, toute seule, sur mon petit voilier. Mais demander ne se faisait pas, chez nous, alors je n'ai pas osé partager mes rêves avec mes parents, imaginant que nous n'avions pas les moyens d'un tel luxe.

Quand j'ai eu 12 ans, mon oncle Peter m'a prêté son vieux dériveur et j'ai enfin pu, à mon tour, naviguer seule. Il était amarré à une bouée où je le rejoignais en barque, avant de le gréer religieusement. Mettre les écoutes à poste, planter la dérive et hisser

1. Un petit dériveur long de 2,33 mètres, à fond plat, conçu en 1947 pour les enfants par l'Américain Clark Mills. Souvent le premier bateau sur lequel on navigue.

les voiles était aussi savoureux pour moi que d'ouvrir un cadeau. Parfois, j'emmenais d'autres enfants, des petits voisins ou mon amie Christina. Ce bateau avait un certain âge, si bien qu'il m'arrivait régulièrement des mésaventures. Une fois, la dérive s'est cassée en deux, une autre fois, c'est le gouvernail qui a lâché. Je rencontrais mes premières avaries, mais n'en avais pas peur. Ni l'eau ni le lac ne m'effrayaient. À terre, mon père taillait un nouveau safran ou une nouvelle dérive dans une planche de bois, puis je repartais. Ce qui me plaisait le plus, c'était la gîte, sentir le bateau pencher et, parfois, dessaler. J'aimais le redresser, écoper les fonds et reprendre ma route. Entre-temps, Thomas s'était mis au Laser[2], un dériveur de sport, et je l'admirais d'autant plus.

Enfant, j'ai très tôt appris à être autonome et à jouer seule. À Palaiseau, j'aimais retrouver mes copains à l'école ou pour faire du roller à longueur d'après-midi le week-end, mais je m'échappais régulièrement pour m'amuser de mon côté. Je m'inventais une vie de trappeur ou de cow-boy. De mon père j'ai hérité une sensibilité à fleur de peau et un profond besoin de solitude. Pour me protéger de ma timidité et de la brutalité du monde, j'ai vite dû développer ma combativité et me montrer forte. Car autour de moi, la tendresse disparaissait souvent sous le poids du stress et des soucis quotidiens. Comme d'autres d'enfants, pour m'adapter à mon environnement, j'ai choisi d'ignorer cette sensibilité qui me fragilisait.

J'étais encore très jeune lorsque j'ai compris que, dans ce monde, il valait mieux être un homme qu'une femme. Alors j'ai décidé de devenir un garçon, en jouant au football, en courant vite et en nageant loin. Mes copines partageaient mon goût pour le sport et l'aventure. Comme moi, elles portaient des pantalons et avaient les cheveux courts.

---

2. Dériveur long de 4,23 mètres, lancé en 1971 et conçu pour être manœuvré en solitaire. Un voilier simple et très populaire.

En cinquième, je naviguais le mercredi après-midi sur un tout petit lac, à Divonne-les-Bains. Puis est arrivée l'adolescence, avec les sorties, les premières cigarettes et les garçons. Quitter l'enfance n'a pas été facile. J'aimais jouer, courir, me dépenser, et le monde des adultes me faisait peur. Les rejoindre signifiait aussi devenir une jeune femme. Il me fallait acquérir les codes, apprendre à me comporter en société et à trouver ma place. Moi, je préférais la solitude. Depuis quand avais-je cette impression d'être si différente des autres ? Je ne le savais pas vraiment. À l'époque, on ne parlait pas de « sensibilité », on ne savait pas quelle réalité se cachait derrière cette particularité. On ignorait qu'un enfant dit « neuro-atypique » ne fonctionne pas comme les autres, car son système nerveux capte plus d'informations venant de l'extérieur que la moyenne, et les transmet plus vite. De ce fait, il peut se sentir agressé par son environnement. Enfants comme adultes, nous sommes nombreux dans ce cas.

Quand je suis entrée au lycée, à 14 ans, l'école ne m'intéressait pas vraiment. La seule matière que j'aimais, c'était le français. Je trouvais dans la littérature une profondeur et un mode d'expression qui me manquaient par ailleurs. À 15 ans, j'ai voulu passer une année scolaire en Allemagne. Je suis partie au lycée franco-allemand de Fribourg, dans la Forêt Noire, pour y rester, finalement, jusqu'à mon baccalauréat.

Pendant qu'à la maison mes parents divorçaient, je me plaisais dans cette ville étudiante magnifique, entourée de nature, auprès de mes amis et loin du conflit familial. J'y ai vécu dans un internat où régnait la bienveillance. Le matin, nous pédalions à travers champs pour rejoindre le lycée. Quand il y avait trop de neige sur la route, il m'arrivait d'abandonner mon vélo sur le trajet pour monter dans le tramway. Après les cours, nous nous retrouvions en petit groupe pour jouer de la musique et bavarder jusqu'au soir.

Au lycée, j'aimais les lettres et la philo. Moi qui, enfant, dévorais déjà les livres, je me suis prise de passion pour la beauté des textes et les leçons d'humanité qu'on y trouvait. J'appréciais surtout l'art avec lequel chaque œuvre questionnait l'existence à sa manière. C'est pourquoi j'ai choisi d'entrer en prépa lettres, à Lyon, en 1995; j'aimais lire, écrire et apprendre.

Je partageais un appartement avec Morgane, qui avait été ma voisine à l'internat et que je ne quittais plus. Christian, lui, étudiait les arts appliqués et n'habitait pas loin. C'était chouette de retrouver mon frère après ces trois années passées en Allemagne. Le peu de temps libre dont je disposais, nous le passions ensemble avec nos amis communs.

Pendant les vacances, nous partions souvent en vadrouille à travers l'Europe, en train ou avec ma petite voiture. Nous avons ainsi visité les pays de l'Est, la Grèce, l'Autriche, l'Écosse. Nous avons randonné, campé, et dormi dans des auberges de jeunesse. Lors de ces voyages, nous avions l'impression d'explorer le monde. Nous avons découvert des paysages et de nouvelles langues, nous avons fait des rencontres, goûté des saveurs inconnues et, surtout, appris à nous débrouiller sans nos parents.

C'est en prépa que j'ai rencontré Chloé. Elle deviendra la compagne de Christian. Nous avons très vite été liées par une grande complicité; ses multiples talents m'impressionnaient. Ensemble, nous adorions grimper sur les montagnes autrichiennes et nager des heures dans le lac de mon enfance. En cours, tandis que je travaillais d'arrache-pied, elle étudiait moins que moi, mais obtenait de meilleurs résultats. De fait, durant ces deux premières années d'étude, j'ai appris à m'engager à fond, du matin au soir, et à dormir peu.

La vie à Lyon me plaisait, mais je sentais que je n'étais pas faite pour les grandes villes: trop de monde, trop de bruit. L'envie de naviguer a recommencé à trotter, puis à cavaler dans ma tête.

À 19 ans, je me suis inscrite à mon premier stage de voile en mer, à l'école des Glénans. J'ai été immédiatement conquise. La houle et le crachin breton, l'odeur de l'océan, la vie à bord, le cabotage. C'était le coup de foudre. Je renouais avec mes rêves d'enfant, tout en découvrant les marées et les courants...

L'année suivante, celle de la licence, en 1997, Chloé et son père m'ont hébergée chez eux dans le Vieux Lyon. Je m'y sentais bien. Pourtant, j'avais beau être toujours passionnée par les lettres, le désir de repartir en mer me tiraillait. Je fatiguais de la vie citadine, sans savoir vers quel métier me diriger. Et je ressentais un profond besoin d'évasion et d'aventure.

Alors j'ai cherché un embarquement et suis partie, au milieu de l'année universitaire, pour ma première traversée. C'était en février, à bord d'un voilier qui quittait La Rochelle pour Rio de Janeiro. Mes parents ne connaissaient pas l'univers marin, ils étaient inquiets, mais ils m'ont laissée prendre le large et m'ont soutenue.

Durant cette traversée, j'ai retrouvé la joie de vivre que j'avais connue, enfant, et en voyage. Je l'avais peu à peu laissée s'envoler dans la routine et l'anonymat de la ville. En bateau, tout était nouveau. J'aimais dormir le jour et veiller la nuit, laisser les heures s'écouler sans m'en occuper. J'aimais voir les rayons de la lune se refléter dans la houle, et j'adorais m'y sentir secouée et inlassablement bercée. Durant mes quarts de veille, je m'accordais, entre deux tours d'horizon, quelques minutes de lecture. J'avais emporté dans mon bagage les livres que je devais étudier pour valider ma licence. Pendant cinq semaines de traversée, j'ai passé bien des heures, assise à la table à carte, à réviser à la lueur de ma frontale.

J'avais redécouvert le bonheur, si bien qu'à mon retour, ma licence en poche, je me suis installée pour un an à la base des Glénans à Paimpol. Là, en échange de travaux d'entretien sur les bateaux, on m'a formée pour devenir monitrice. J'ai appris à naviguer dans les courants de la Manche, autour de l'archipel de Bréhat et en baie de Saint-Brieuc. C'était technique, exigeant. Sans GPS, sans moteur, il fallait être sans cesse attentif aux paysages, aux vents et aux courants, pour ne pas s'échouer entre deux îlots. Été comme hiver, la beauté et la puissance de l'environnement m'éblouissaient. Je ne m'en lassais pas.

À Paimpol, j'ai rencontré Julie et Bérénice, devenues mes copines, et Thierry, mon premier grand amour, qui arrivait de Suisse pour encadrer des stages pendant ses vacances. On se retrouvait le samedi soir, après une ou deux semaines de navigation, et parfois lors de nos escales. En pleine saison, les jours de relâche étaient rares. Un pied en mer et l'autre à terre, je me trouvais enfin dans mon élément. Sur cette côte bretonne, pour la première fois de ma vie, je me sentais chez moi.

Plus je naviguais, plus j'étais accro et plus j'aspirais à faire de la voile mon métier. Alors je me suis dépêchée de boucler mes études de lettres et j'ai entrepris de me former, dans la foulée, en tant que skippeur. En janvier 2002, j'ai obtenu mon brevet d'État d'éducateur sportif et mon brevet de patron de plaisance près de Montpellier. Il était temps de chercher du travail. Mon histoire avec Thierry était terminée, j'avais le cœur brisé, mais je retrouvais la liberté de m'installer où je le souhaitais.

J'avais envie de nouveauté. J'ai donc choisi Marseille. Le caractère oriental et cosmopolite de la ville me faisait rêver depuis longtemps. C'est là que j'ai eu mes premiers engagements de skippeur. On faisait appel à moi pour du cabotage ou des traversées de la Méditerranée, avec des jeunes ou des adultes, en charter ou en stage de croisière. J'avais soif d'expérience et besoin de gagner ma croûte, alors j'acceptais tout, même les missions pour lesquelles j'étais le moins douée, comme encadrer une flottille de dériveurs. Lorsqu'un chantier avait besoin de renfort, n'importe quelle tâche me convenait.

J'aimais le travail manuel, mais dans ce milieu, une femme devait davantage faire ses preuves qu'un homme. La première fois qu'une boîte d'intérim m'a missionnée, c'était pour des ménages à bord d'un yacht en rénovation. Nous étions trois femmes avec la même mission. Les autres intérimaires étaient des hommes. Cela ne m'a pas découragée et finalement, Yogi, le skippeur du bateau, qui était allemand, m'a intégrée dans l'équipe du chantier.

Quelques mois plus tard, en juin 2002, je me suis rendue pour la première fois à Lorient où l'on m'avait embauchée comme skippeur pour une régate. À cette occasion, j'ai fait la connaissance d'Isabelle et Valérie qui, toutes deux, naviguaient en Mini, les plus petits voiliers conçus pour la course hauturière. Elles faisaient escale sur l'île de Groix pour s'abriter de la tempête. Je n'avais encore jamais vu de tels bateaux, ni entendu parler de la Mini Transat qui se disputait en solitaire à bord de ces petits monocoques de 6,50 mètres de long, entre La Rochelle et Salvador de Bahia au Brésil, avec une escale aux Canaries ou à Madère. Je découvrais de véritables petits bolides à la pointe de la technologie. Valérie avait déjà couru la Mini et Isabelle préparait l'édition de 2003. L'un des skippeurs de la régate à laquelle je participais m'a mis la puce à l'oreille :

– Je te verrais bien là-dedans, moi…

Je ne savais que répondre. Cela me semblait insensé. Il me manquait d'une part les moyens financiers, et d'autre part la fibre pour la compétition. Mais en même temps, cette idée me faisait terriblement envie. Alors, sans que je m'en rende vraiment compte, le rêve s'est peu à peu ancré en moi. C'est de retour à Marseille, en rencontrant Cécile qui se préparait, elle aussi, pour la Mini Transat, que je me suis mise à y croire. Je pensais n'avoir ni l'âme d'une compétitrice ni la culture du sport de compétition, mais l'idée de partir ainsi seule à l'aventure sur un petit bateau de course m'attirait profondément.

Par la suite, j'ai navigué aux Caraïbes où l'école de croisière de la Macif m'avait envoyée en décembre 2002 pour skipper un bateau durant trois mois. À mon arrivée en Guadeloupe, où je ne connaissais personne, Luc et Édith, dont j'avais eu le contact par personnes interposées, m'ont accueillie chez eux et m'ont prise sous leur aile. Puis je les ai quittés pour sillonner le nord des Antilles : tous les quinze jours, je débarquais mes équipiers à Saint-Martin. L'Anse Marcel était devenue mon port d'attache, et lorsque mon contrat avec la Macif s'est terminé, l'idée de quitter ce paradis me déchirait le cœur. La veille de m'envoler pour Paris, voyant mon désarroi, mes nouveaux amis Michel et Sonia m'ont invitée à habiter avec eux sur leur bateau. Ils sont devenus mes « parents » des Antilles. Comble de bonheur, ils travaillaient pour une société de location de voiliers qui m'a régulièrement embauchée.

Entre deux navigations, Clay, skippeur américain, a surgi dans ma vie. Nous sommes devenus amis, puis amoureux, et je suis partie naviguer, puis travailler avec lui aux États-Unis.

Mon rêve d'aventure ne me quittait pas pour autant. Moins de deux ans après avoir rencontré Isabelle, Valérie et Cécile, j'avais mis de côté presque tous mes salaires. On était fin 2003, et je me sentais prête. Cet été-là, un accident causé par manque de veille, sous ma responsabilité, avec des adolescents à mon bord, m'avait traumatisée. Nous avions percuté un rocher de plein fouet et percé l'étrave du voilier. Mon employeur m'avait débarquée et ne voulait plus entendre parler de moi. Honteuse et dépitée, je voulais rebondir. Cela faisait presque deux ans que je rêvais, comme lorsque j'étais enfant, d'avoir mon propre bateau et de naviguer en solitaire. Le moment était venu.

Je me trouvais encore aux Antilles, lorsque, au début de l'hiver, j'ai choisi le Mini que j'allais acheter. J'en avais déjà parlé à mes parents, qui auraient largement préféré me voir rester à terre. Mais ils n'ont pas cherché à me détourner de mon projet. Ma grand-tante autrichienne m'avait laissé un petit héritage, et ma mère a contracté pour moi un emprunt à taux zéro auquel elle avait droit. Malgré sa peur de me laisser partir seule en mer, elle voulait m'aider. J'avais ainsi les moyens de m'offrir un prototype d'ancienne génération, en carbone, avec une quille pendulaire. Je n'en avais encore jamais vu. Il avait appartenu à Samantha Davies, qui courait à présent dans le circuit Figaro, et était stationné sur une remorque aux Pays-Bas, en attente d'un nouveau skippeur. Depuis les Antilles, j'ai pris un vol direct pour Amsterdam, puis, le temps d'enfiler un vêtement chaud, je suis montée dans le train pour Rotterdam. Le propriétaire m'y attendait, il était venu de Finlande pour me faire visiter son bateau.

Le marché a vite été conclu. Il me restait à trouver un port d'attache pour mon Mini, et le moyen de le ramener en France. Je ne connaissais personne dans le milieu de la course. Financièrement, j'étais à peu près organisée: mon emploi sur le yacht à bord duquel je naviguais avec Clay, l'hiver, me permettait de mettre quelques milliers d'euros de côté pour démarrer l'aventure et participer à mes premières courses. J'ai donc rassemblé toutes mes affaires restées à Marseille, quitté ma location de là-bas et pris le train avec mes sacs pour rejoindre mon père en Allemagne. Il m'avait trouvé, pour une somme modique, une camionnette susceptible de tracter mon Mini et de me servir de chambre à coucher. Il s'était même proposé pour faire la route jusqu'à La Trinité-sur-Mer, où j'avais sollicité un chantier spécialisé pour m'aider à le préparer.

Ni lui ni moi n'avions jamais conduit de remorque, et nous étions en janvier. Il avait neigé entre Fribourg, où mon père habitait depuis quelques années, et Rotterdam, et la camionnette n'avait pas de pneus adaptés. Le vent soufflait fort quand nous sommes arrivés dans l'immense port hollandais. Au moment de prendre la route avec notre attelage large de 3 mètres et haut de plus de 4 mètres, secoués par les rafales, nous ne faisions pas les fiers. J'avais le ventre noué. Je n'avais pas non plus le permis de conduire approprié et n'étais donc pas assurée pour ce type de convoi. Il nous a fallu trente-six heures pour rejoindre la Bretagne, avec une courte nuit dans le fourgon et en nous relayant au volant. Mon père a repris le train pour l'Allemagne le lendemain et quelques jours plus tard, j'ai fêté mes 27 ans sous la pluie, seule dans ma camionnette. J'étais la jeune femme la plus heureuse du monde.

Prendre la mer

Le chantier AMCO est devenu mon camp de base pour de longs mois. Avec l'aide de Thierry Fagnent, qui le dirigeait, j'ai pu rapidement mettre mon bateau à l'eau, le prendre en main et commencer à m'entraîner. J'ai fait la connaissance d'autres skippeurs qui naviguaient comme moi en 6.50 et j'ai retrouvé Cécile et Isabelle de retour de leur Mini Transat. De conseil en conseil, j'ai peu à peu pris mes marques. Au chantier, j'ai sympathisé avec Roland. Il savait que je vivais dans mon camion et m'accueillait régulièrement chez lui pour prendre un bon repas et une douche chaude.

Ce printemps 2004, j'ai participé à ma première course en solitaire, entre Dieppe et Douarnenez. La veille du départ, je confiai mes appréhensions à Isabelle.

– J'ai peur, je ne suis pas sûre de savoir me débrouiller. Tu crois que je vais en être capable ?

Elle, qui connaissait ma détermination, ne s'inquiétait pas pour moi. Mes doutes la faisaient rire. Je m'en suis d'ailleurs très bien sortie, avec quelques frayeurs, beaucoup de plaisir, un engagement énorme et une impression étrange de n'être jamais vraiment seule à bord. En juillet, je me qualifiais pour la Transat 6.50 qui démarrerait l'année suivante.

Cette première saison de course m'a enseigné que j'étais faite pour ça. Mon esprit de compétition, bien caché jusque-là, ne demandait qu'à s'exprimer. J'ai fait plusieurs fois équipe avec Cécile en Atlantique, en Manche et en Méditerranée, et noué de nombreuses amitiés parmi mes concurrents. La classe Mini était chaleureuse et accueillante. À La Trinité, à Lorient ou à Douarnenez, on se croisait sur les pontons, de jour comme de nuit. On s'entraidait pour préparer nos bateaux et on se retrouvait avant et après les courses, pour refaire le match et partager nos ressentis. C'était un univers très masculin, mais je m'y trouvais bien. Je m'y sentais intégrée et j'avais le privilège de réaliser les rêves de mon enfance. Et, surtout, j'étais persuadée qu'avec une volonté de fer et une grande résistance à l'adversité, on pouvait atteindre n'importe quel objectif et surpasser tous les obstacles.

L'hiver suivant, je me suis installée à Douarnenez où un pôle d'entraînement venait d'être créé. Dans le port de Tréboul, nous étions une dizaine de coureurs, tous en préparation pour la Mini.

Mais en juillet 2005, je n'avais toujours pas réuni le budget pour financer ma transat. Françoise et Jacques, avec qui j'avais navigué à deux reprises dans les Antilles m'ont alors présenté Yvan, grâce à qui j'ai déniché mes premiers sponsors: Synergie[1] et Degrémont[2]. Yvan se voyait à la place du manager, alors que de mon côté, je tenais à mon indépendance, si bien que notre collaboration n'a pas duré. Elle m'a néanmoins permis de me lancer sereinement dans la Mini Transat et de me donner accès au sponsoring. J'étais devenue coureuse professionnelle. J'étais fière, mais surtout soulagée: être sponsorisée m'autorisait à poursuivre dans la voie de la compétition où je me sentais bien à ma place.

À l'automne 2005, j'ai traversé pour la première fois l'Atlantique en solitaire. J'y ai vécu le meilleur comme le pire. Durant la première étape, le groupe électrogène qui servait à recharger les

1. Société de travail temporaire basée à Nantes.
2. Filiale du groupe Suez.

batteries est tombé en panne. Pas d'énergie, pas de pilote automatique : il m'a fallu tenir la barre jour et nuit pendant près de sept jours, au vent arrière, avec le spinnaker en l'air qui n'autorisait aucun écart de barre. Chaque nuit, je l'affalais pour une durée de deux heures durant lesquelles je laissais mon bateau dériver et m'écroulais à même la coque pour dormir d'un sommeil profond. Privée d'équipement électronique depuis tant de jours, je suis arrivée aux Canaries épuisée et terriblement déçue de ma contre-performance.

Alors je me suis rattrapée sur la seconde étape. Regonflée, débordant d'une énorme envie de réussir, je me suis sentie comme un poisson dans l'eau tout au long de l'épreuve, et après trois semaines de navigation, j'ai franchi la ligne d'arrivée à Salvador de Bahia en cinquième position. Je n'en revenais pas ! Jamais je n'aurais osé m'attendre à un tel résultat.

Mes sponsors, ravis, ont voulu continuer à me suivre. Il y avait pourtant un écueil : Yvan hors de la boucle, j'étais désormais seule, à 28 ans, face à l'intermédiaire qui négociait avec les entreprises partenaires et qui, par-dessus le marché, ne portait pas les femmes dans son cœur. J'ai été baladée de promesses en déceptions durant un an, mais j'ai tenu bon.

J'ai fini par proposer à mes partenaires un nouveau projet de Transat 6.50 à bord d'un bateau neuf. J'ai pris de gros risques, car au moment de lancer le projet, les contrats étaient encore loin d'être signés. Or, sans sponsor, je n'étais pas en mesure de financer le bateau. Mais je croyais dur comme fer en ma chance. J'étais si déterminée que rien, me semblait-il, ne pouvait se mettre en travers de ma route.

Mon nouveau Mini a été construit chez Thierry Fagnent à La Trinité-sur-Mer, au chantier AMCO où l'aventure avait démarré pour moi trois ans auparavant. J'y ai passé chacune de mes journées et la plupart de mes soirées durant sept mois, participant à sa fabrication jusqu'à sa mise à l'eau, en mars 2007. Il me restait alors peu de temps pour le fiabiliser et me qualifier pour la transat qui aurait lieu six mois plus tard.

La saison a été un véritable succès. J'ai terminé respectivement deuxième, première à deux reprises et troisième des quatre courses auxquelles j'ai participé. Je figurais parmi les favoris au départ de la transat, dont j'ai remporté la première étape en septembre.

À partir de là, la chance m'a abandonnée. L'accroche de mon bout-dehors s'est brisée au début de la seconde étape, me privant de spinnaker et anéantissant au passage mes espoirs de gagner la course. J'étais effondrée. Triste et déçue au point de vouloir jeter l'éponge. Je me suis ravisée en arrivant au Cap-Vert. L'ami qui s'occupait de l'électronique de mon bateau m'y attendait avec une pièce de remplacement. Il s'était dépêché d'arriver là en même temps que moi, pour me permettre de repartir en course au plus vite. J'ai alors mesuré ma chance d'être si bien entourée et de pouvoir aller au bout de mon projet – ce qui n'était pas le cas de tout le monde. De retour en France, j'étais convaincue de vouloir continuer dans la course. Mon sponsor Synergie était convaincu lui aussi et a proposé de m'accompagner financièrement sur le circuit de mon choix.

Simultanément, j'ai intégré l'écurie de course de Jean-Pierre Dick, Absolute Dreamer, qui espérait me voir monter sur un Imoca[3] pour le Vendée Globe 2012. J'avais été approchée par une autre équipe, deux ans plus tôt, pour participer à ce tour du monde en solitaire, mais je ne m'en sentais pas encore capable. Manœuvrer un bateau de 18 mètres dans les océans les plus

3. L'International Monohull Open Class Association (Imoca) encadre les compétitions des monocoques Open de 60 pieds (18,28 m). Les Imoca sont les monocoques sur lesquels se court le Vendée Globe.

hostiles de la planète me semblait hors de portée. Certes, j'étais une fonceuse, pourtant, comme beaucoup de femmes qui évoluent dans des univers masculins, je voulais être sûre d'être à la hauteur des projets dans lesquels je me lançais. Or, à ce moment-là, je manquais de confiance pour barrer un Imoca. J'ai donc choisi la classe Figaro[4] pour en apprendre davantage sur la course et augmenter mon niveau de compétition. Sans savoir ce qui m'attendait...

Entre 2008 et 2015, j'ai navigué, sans grand succès, dans ce nouveau circuit. Je me suis sentie bien moins à l'aise qu'en classe Mini. D'emblée, l'ambiance au sein de la flotte m'a fait l'effet d'une douche froide après les années de bonheur que je venais de vivre. L'entraide et l'aventure avaient totalement disparu derrière la compétition – même lorsque deux coureurs étaient amis.

Enchaîner les manœuvres sur ce bateau de plus de 10 mètres demandait beaucoup de force. Puisque mes concurrents passaient leur hiver en salle de musculation, j'ai fait de même. Je croyais pouvoir combler l'écart physique entre eux et moi en m'entraînant davantage. Je pensais qu'en fonctionnant comme eux, à force de travail, j'atteindrais leur niveau.

Je m'entraînais depuis 2006 au pôle Finistère course au large de Port-la-Forêt, mais je n'étais pas davantage en phase avec son mode de fonctionnement. Je m'y sentais en échec, à force de me comparer à des concurrents qui avaient plus d'expérience et de puissance que moi.

J'ai quitté Port-la-Forêt en 2010 pour faire de Lorient mon port d'attache. Je vivais alors avec Guillaume. Nous nous étions

---

4. La classe Figaro rassemble des monocoques monotypes d'environ 10 mètres qui disputent une dizaine d'épreuves par an, avec une course phare: la Solitaire du Figaro. Avant de se lancer en solitaire sur des Imoca de 18 mètres, et qui plus est autour du monde, les coureurs au large passent souvent par la Mini Transat, puis par le circuit Figaro.

rencontrés sur les pontons au départ des courses en Mini. Nous habitions dans le pays d'Auray une belle longère au milieu des arbres. Avec lui, je me voyais fonder une famille, mais il rêvait, comme moi, de courir le Vendée Globe, et n'imaginait pas renoncer pour s'occuper d'un foyer. Moi non plus. En réalité, nous étions tous deux beaucoup plus centrés sur notre passion de la mer que sur notre vie commune. J'aimais la campagne et la proximité de la forêt, mais lorsque nous nous sommes séparés, en 2011, j'ai choisi de m'installer à Lorient pour me rapprocher de mon bateau.

Traverser des déserts

Il fallait se rendre à l'évidence, et pourtant je ne voulais pas l'admettre: depuis quelque temps, quelque chose clochait dans ma vie. Peut-être était-ce moi qui clochais? Après quatre années en symbiose avec la course au large en Mini 6.50, je me débattais dans un milieu hostile, mais ne voulais rien lâcher. J'avais l'esprit combatif. Je croyais, encore et toujours, qu'avec de la volonté et de l'énergie, on atteignait n'importe quel objectif. Malheureusement, je n'y parvenais pas.

Cela faisait huit ans que la compétition prenait toute la place dans ma vie. Pour augmenter mon niveau, je passais mon temps sur mon bateau et sur l'eau, en m'inspirant de skippeurs à qui je ne ressemblais en rien. Le plaisir avait laissé la place au labeur, et en tant qu'individu, je m'étais fondue dans un moule qui ne me correspondait pas. J'étais souvent frustrée, tendue, croyant de moins en moins en mes capacités. Je fatiguais. Est-ce qu'inconsciemment, je pensais qu'une femme était moins apte à gagner la Solitaire du Figaro qu'un homme? Est-ce que je me sentais moins légitime que mes concurrents?

Ma vie intime n'allait pas non plus. J'avais beau chercher la stabilité dans mon quotidien et mes relations, je ne la trouvais pas. C'est dans ce contexte que je me suis intéressée à la relaxation, à la communication non violente[1] et à la méditation[2].

---

1. Toutes ces méthodes de développement personnel sont présentées dans le chapitre «Prendre soin de soi», page 164.
2. Cf. chapitre «Prendre soin de soi», pages 167 et 170.

J'ai découvert qu'on peut se dépasser tout en se respectant, sans nécessité d'être aussi dur avec soi-même. J'ai appris à relier mon corps et mon mental, à m'unifier. En kiné, je me suis initiée à la méthode Mézières qui m'a fait comprendre à quel point étirer les muscles augmente leur potentiel. La récupération est devenue partie intégrante de ma préparation. J'ai aussi changé mon alimentation. J'avais besoin de remettre du calme et de la sérénité dans ma vie, de regagner en vitalité, et de retrouver qui j'étais réellement. Il me semblait avoir perdu le contact avec une partie de moi, qui me manquait à présent.

Je peinais à me hisser dans la première moitié de la flotte, terminant régulièrement à la trentième place du classement. Alors, lassé de voir mes résultats stagner, mon fidèle sponsor Synergie a fini par me lâcher. C'est ainsi que je me suis engouffrée, en 2011, dans un cycle de trois ans de difficultés financières. Malgré le soutien de partenaires plus modestes, je ne suis pas parvenue à boucler mon budget et, durant deux saisons, j'ai dû renoncer à mon salaire. Avec Absolute Dreamer, nous n'avons pas réussi non plus à convaincre les partenaires de l'écurie de nous suivre. D'autres «apporteurs d'affaires» rencontrés par la suite m'ont menée en bateau. J'avais perdu confiance en moi, peut-être l'avaient-ils senti? Pourtant, je n'arrivais pas à renoncer à ce métier de coureur. J'aimais naviguer et ne me voyais nulle part ailleurs que sur un voilier.

En 2012, j'ai rencontré Martine Gauffeny, une journaliste engagée dans le monde associatif. Devenus amies, nous avons décidé ensemble de fonder l'association Horizon Mixité pour défendre l'égalité femme-homme. C'était – et c'est toujours – une question cruciale: après neuf ans de course au large, je constatais que la proportion de femmes dans ce milieu n'augmentait pas. Je commençais surtout à comprendre pourquoi la situation n'était pas près de changer: non seulement notre éducation ne nous poussait pas à oser nous lancer dans la compétition, mais notre société ne permettait pas aux femmes de faire carrière. Horizon Mixité aurait pour but de participer aux changements dont le monde avait besoin.

Cet automne-là, j'ai embarqué comme navigatrice à bord d'un yacht sur l'Atlantic Rallye for Cruisers (ARC). J'ai eu la chance de faire ainsi la connaissance d'Éric Lombard, passionné de voile et directeur de banque. Son épouse Françoise et lui allaient devenir de très précieux amis. C'est d'ailleurs sous l'impulsion de Françoise qu'Éric me proposera bientôt son aide pour faire connaître notre association et m'aider à trouver des sponsors.

En 2013, tout est devenu encore plus difficile. Peut-être m'étais-je totalement fourvoyée dans mes rêves d'aventure et de compétition? Peut-être que ma vie était ailleurs, loin de la mer, sur la terre ferme que je n'aurais jamais dû quitter? J'avais un compagnon, Philippe, avec qui je me sentais bien, mais notre relation était compliquée et elle a capoté. Étais-je faite pour vivre en couple? Tous ces questionnements me conduisaient à m'interroger sur ma condition de femme. Qu'est-ce que cela signifiait exactement? Avoir des enfants, s'occuper d'un foyer? Auquel cas, j'étais hors-jeu.

Et en course, une femme était-elle uniquement l'équivalent d'un homme, avec moins de force et donc moins de potentiel? Pourquoi les femmes avaient-elles, la plupart du temps, moins confiance en elles que leurs concurrents masculins?

Faute de moyens, cette année-là, j'ai renoncé à courir la Solitaire du Figaro. Et, découragée de ma recherche infructueuse de sponsors, j'ai carrément songé à vendre mon bateau et à changer de voie.

Il était temps que je regarde les choses en face et admette que mon fonctionnement me tirait vers le bas. Les événements qui s'enchaînaient dans ma vie n'étaient pas uniquement dus au hasard. Alors j'ai cherché une pratique pour me soutenir, mêlant la psyché et le corps sans faire de distinction. C'est là que j'ai découvert la fasciathérapie[3] et le mouvement sensoriel[4]. J'ai appris à m'ancrer dans mon corps pour retrouver de la confiance, à le percevoir avec finesse et à l'écouter. En méditant quotidiennement, j'ai renforcé ma capacité d'attention et mon intuition, développant ainsi un calme intérieur indispensable pour affronter le stress de la compétition. Sans le savoir, j'ai ouvert une porte vers un monde d'une richesse immense dont on ne m'avait jusqu'alors jamais parlé: celui de l'intériorité.

Avant d'acter ma décision de mettre en vente mon Figaro, j'ai pris mon courage à deux mains pour demander de l'aide à Éric Lombard, qui, entre-temps, avait pris la direction de Generali, sponsor dans la voile depuis longtemps. C'était une démarche difficile: mon éducation ne m'avait pas appris à demander. Encore moins quand il s'agissait d'un ami. C'est pourtant ainsi, grâce à Éric, qu'en 2014 la société d'assurance est devenue mon sponsor sur le circuit Figaro, en même temps que celui d'Alain Gautier avec qui elle s'était engagée pour deux ans. Alain, qui avait notamment remporté la Solitaire du Figaro en 1989 et la deuxième édition du Vendée Globe, s'était retiré de la course depuis longtemps. Il revenait à ses premières amours. Nous prenions chacun la barre d'un bateau et devenions à la fois concurrents et membre d'une même équipe.

C'était un nouveau départ que je n'osais plus espérer. Le recul pris par rapport au circuit Figaro m'avait permis d'y revenir avec plus d'envie et d'énergie. J'avais profité du temps dont j'avais disposé pour rencontrer d'autres personnes et régater en équipage. Ce n'était pas encore perceptible, loin de là, mais quelque chose

---

3. Cf. chapitre « Prendre soin de soi », page 171.
4. *Ibid.*

avait changé dans ma manière d'aborder la compétition. Les difficultés étaient toujours présentes, et je n'avais guère progressé depuis ma dernière Solitaire en 2012, mais je retrouvais le plaisir. J'avais gagné en confiance et je m'y prenais différemment.

Je suivais toujours le même programme de préparation, dans le même groupe et avec le même entraîneur, mais désormais c'est moi qui savais quand je devais m'entraîner et quand je devais me reposer. J'avais introduit l'hypnose[5] et l'EMDR[6] dans ma préparation, ainsi que la nutrition et, bien sûr, la méditation. J'avais choisi de travailler le volet «mental» avec un fasciathérapeute. À Lorient, j'avais tissé des liens d'amitié en dehors du milieu de la voile dans lequel je me sentais à l'étroit. Sortir de mon rôle de battante et de compétitrice était devenu nécessaire et m'avait fait un bien fou.

L'engagement du groupe Generali m'avait fait renoncer à mes espoirs de tour du monde. Après avoir perdu l'Imoca dont il était propriétaire dans le pacifique en 2008[7], l'assureur ne souhaitait plus se présenter au départ d'un Vendée Globe. J'avais bien compris sa position.

Mais la vie nous réserve parfois de drôles de surprises. Moins de deux ans plus tard, Éric Lombard et Alain Gautier, qui espérait devenir *team manager*, m'ont proposé de me lancer dans l'aventure du circuit Imoca et de préparer l'édition de 2020-2021 du Vendée Globe. La roue avait enfin tourné!

Le temps de tomber des nues et de me relever, en janvier 2016, j'ai troqué mon Figaro contre un Class40[8] en attendant de pouvoir prendre possession de mon futur Imoca avec lequel Yann Éliès s'apprêtait à courir une nouvelle fois le Vendée Globe.

---

5. Cf. chapitre «Prendre soin de soi», page 176.
6. Cf. chapitre « Prendre soin de soi », page 177.
7. Gravement blessé, son skippeur, Yann Éliès, avait été secouru par la marine australienne.
8. Monocoque de course de 12 mètres.

J'ai participé avec bonheur à la Transat anglaise, en solitaire, puis à la Québec Saint-Malo, en équipage. En retrouvant le large, je me suis sentie à nouveau dans mon élément, comme à l'époque du Mini 6,50. Et mes résultats se sont aussitôt mis à grimper.

En février 2017, Yann Éliès est revenu de son tour du monde et son Imoca est devenu le mien, sous les couleurs de Generali. Tous les feux étaient passés au vert : je pouvais démarrer la préparation pour le Vendée Globe. La date était fixée en novembre 2020 et j'avais bien l'intention d'être au départ. Fin prête.

Choisir son objectif

L'hiver 2017, mon projet démarrait comme sur des rails. Aux Sables-d'Olonne, je suis montée sur mon futur bateau pour le ramener à Lorient avec Yann Éliès et son équipe. Je l'ai examiné avec attention et j'ai pris des notes et des photos, en me demandant comment j'allais pouvoir tout retenir. Je n'imaginais pas qu'on puisse s'y retrouver sur un voilier aussi complexe, parcouru de bouts, d'espars, et rempli de systèmes électroniques et hydrauliques. C'est à peine si j'osais me réjouir; peut-être parce que l'émotion était trop forte? Ou, simplement, parce que j'avais du mal à y croire.

Les astres paraissaient bien alignés en ce début d'année où je venais de fêter mes 40 ans. Sportivement, 2016 avait été un succès. Même si la chance m'avait lâchée dans la Transat anglaise, j'avais eu l'occasion de prouver que je pouvais naviguer en première position avec une monture moins performante que d'autres. J'avais trouvé la méthode de préparation physique que je cherchais depuis longtemps pour gagner en force et en souplesse sans me blesser. Il s'agissait du Pilates[1], très à la mode et qu'on se représentait à tort comme un sport «féminin». Mes muscles, qui étaient plutôt courts et ronds, se sont peu à peu allongés. La tendinite que j'avais traînée durant plus d'un an après une séance de crossfit exagérée était enfin guérie. En découvrant, avec mon coach, des muscles dont je n'avais pas idée de l'importance, et tout en continuant de pratiquer

1. Cf. chapitre «Prendre soin de soi», page 173.

le mouvement sensoriel[2], très lent, j'avais appris à connaître et à ressentir de mieux en mieux mon corps. Et même à l'écouter.

J'avais retrouvé la confiance perdue durant la période où j'avais couru dans le circuit Figaro, et même s'il y avait encore beaucoup à gagner, je me sentais bien plus solide et plus sereine que par le passé. Cela tombait bien, car je ne me doutais pas de ce qui m'attendait.

Quatre mois plus tard, alors que les entraînements venaient de démarrer, j'ai reçu un appel d'Éric Lombard. Nous étions le vendredi 12 mai et – quelle ironie du sort ! – un an jour pour jour après mon abandon dans la Transat Anglaise où je pointais en première position. Il était encore tôt quand j'ai décroché le téléphone. Je sortais tout juste de ma méditation quotidienne, prête à rejoindre mon équipe sur le port, calme et sereine.

– J'ai quelque chose à t'annoncer, Isa : je vais quitter Generali.

J'étais estomaquée. Cela revenait à dire que mon sponsor allait me lâcher, qu'il se retirerait sans doute d'ici la fin de l'année. J'étais dépitée. Dépitée, mais pas découragée.

En attendant, 2017 était une année « en double » : toutes les courses se disputaient en duo. J'ai embarqué Pierre Brasseur, avec qui j'avais déjà navigué et avec qui je m'entendais à merveille. C'était ma première saison en Imoca, mais dans ma tête, c'était peut-être la dernière. Alors j'ai profité de chaque navigation et de chaque course sans vraiment penser à la suite. Au début, les efforts à fournir m'ont semblé colossaux, mais j'en ai peu à peu pris la mesure et la saison a été réussie : Pierre et moi avons terminé cinquième de la course du Fastnet, troisième du Défi azimut, et huitième de la Transat Jacques Vabre.

---

2. Cf. chapitre « Prendre soin de soi », page 171.

Au niveau personnel, j'ai gagné en équilibre en me tournant vers la nature et en cultivant ma créativité. Les séjours en montagne, l'improvisation dansée[3], le chant me sortaient du milieu de la voile et du tourbillon de la vie courante, et me faisaient rencontrer des gens d'horizons différents. J'ai découvert le ski de randonnée, les refuges en altitude. L'été, j'ai renoué avec la marche qui avait été l'une de mes activités favorites dans ma jeunesse. J'aimais bivouaquer au bord des ruisseaux, loin de tout. J'aspirais de plus en plus au silence.

Cette année-là, peu avant le départ de la Transat Jacques Vabre, j'ai vécu une expérience singulière lors d'un solo de danse. Durant quelques secondes, le temps s'est arrêté. Mes pensées ont disparu, et moi avec, comme si j'avais été traversée par le mouvement. En cet instant, plus rien ne m'importait que l'intense sensation et le silence intérieur qui me guidaient. Je suis restée pendant plusieurs mois sous l'effet de ce moment, comme s'il s'était agi d'une rencontre. Imprégnée au point de trouver secondaires les contingences de la vie, y compris le départ pour ma première transat Jacques Vabre. J'avais découvert qu'au-delà de ce qui avait rempli et nourri mon existence jusque-là, il existait une dimension de l'être bien cachée, mais d'une richesse et d'une profondeur insoupçonnées.

Début 2018, alors que mon projet de Vendée Globe menaçait de capoter, Alain a réussi à convaincre son ami Olivier Monin[4] de me sponsoriser. Il proposait de financer la moitié du budget. Même si rien n'était gagné, j'étais confiante.

Sportivement, la saison a bien commencé. C'était une année solo, physiquement bien plus difficile, mais j'avais appris, avec

3. Cf. chapitre « Prendre soin de soi », page 175.
4. Président de l'entreprise familiale éponyme, productrice de sirops, liqueurs et coulis de fruits.

mon coach, à adapter mes manœuvres à mon gabarit. J'étais plus lente que la moyenne à hisser ou affaler les voiles, à prendre un ris ou virer de bord, mais en étant bien organisée et grâce à de bons choix tactiques, je m'en sortais plutôt bien. J'ai terminé deuxième de la Dhream Cup en solitaire et deuxième de la Monaco Globe Séries – qui, elle, se courait en double – avec Alain. Au départ de la Route du Rhum, début novembre, j'étais sereine. En plus de ces résultats prometteurs, nous venions de signer avec la MACSF, qui serait mon sponsor jusqu'au Vendée Globe.

La chance me souriait à nouveau et cela m'a aidée à tenir la pression au départ de la mythique transat. Ma confiance, je la devais également à l'accompagnement de Philippe, fasciathérapeute devenu mon coach mental en 2015. Et à ma préparation globale, qui ne cessait de s'enrichir de nouveaux outils. Je démarrais à présent la journée avec des sons qui m'ancraient encore davantage dans mon corps. La vibration générée par ma propre voix me faisait énormément de bien. La dimension psychologique avait, elle aussi, pris davantage de place dans mon approche, me faisant découvrir, entre autres, le pouvoir des héritages transgénérationnels, avec les constellations familiales et la respiration holotropique[5].

J'avais vécu un certain nombre d'expériences déroutantes cette année 2018, parmi lesquelles une séance de kiné crânio-sacrée[6] qui avait posé un jalon de plus vers mon ouverture à la connaissance intuitive. Quelques semaines avant le départ du Rhum, Jean, mon kiné, tandis qu'il me manipulait, m'avait demandé si j'avais eu affaire avec des migrants lors de mon voyage en Méditerranée à l'occasion de la Monaco Globe Series. Je n'en avais jamais parlé avec lui, mais au cours du convoyage

5. Cf. chapitre « Prendre soin de soi », page 188.
6. *Ibid.*, p. 187.

retour vers Lorient avec Cécile et Jeanne, nous avions bel et bien croisé un bateau, en panne de moteur, bondé de migrants. Nous leur avions donné de l'eau, mais ne pouvant les aider davantage, nous avions appelé les *coastguards*, dans l'espoir qu'ils les remorquent jusqu'en Espagne. Or, à la tombée de la nuit, nous avions eu l'impression que le bateau venu leur porter assistance souhaitait nous voir partir. Il insistait pour que nous ne restions pas sur place. Après cet épisode qui nous avait choquées, j'avais appris que les migrants étaient en réalité renvoyés en Libye dans de tristes conditions. Cette rencontre m'avait laissé un sentiment de culpabilité terrible dont Jean avait eu connaissance sous forme de vision alors qu'il avait les mains posées sur mon dos.

Malgré un départ réussi, la Route du Rhum s'est arrêtée pour moi au bout de deux jours. En pleine nuit de tempête, le mât est brutalement tombé dans des circonstances inexpliquées. Ma course n'irait pas plus loin. En urgence, pour protéger la coque, j'ai coupé tout ce qui reliait le gréement au reste du bateau. Mât, voiles et haubans ont sombré par 4000 mètres de fond. Ça m'a fendu le cœur d'abandonner là une partie de mon voilier. Il était à la fois ma monture et mon compagnon et j'avais l'impression qu'on lui avait cassé les ailes.

De retour à Lorient où les vents et la houle d'ouest m'ont ramenée en quelques jours, j'étais partagée entre la tristesse et l'excitation. Avec la MACSF, nous avions décidé de transformer mon Imoca pour augmenter son potentiel, en l'équipant d'un nouveau mât ainsi que de foils. Le chantier allait pouvoir démarrer plus tôt que prévu. Je m'en réjouissais, sans me rendre compte que cette Route du Rhum tronquée avait laissé des traces. Ces traces étaient d'autant moins visibles que, comme après chaque abandon, je sous-évaluais son impact en moi. Je préférais diriger mon regard vers l'avant, en me répétant que les aléas font partie du métier et que les épreuves permettent de grandir.

Le chantier de transformation a été plus long que prévu. Après neuf mois de gestation, MACSF a été remis à l'eau fin août 2019. L'équipe était fatiguée, et moi aussi. Les travaux avaient pris plusieurs mois de retard et j'avais à peine navigué depuis la Route du Rhum, pourtant j'avais tout à apprendre : atteindre des vitesses plus élevées, vivre à bord d'un bateau qui cogne continuellement dans la vague, me protéger des accidents et des blessures...

Dans l'espoir de redécouvrir plus vite les manettes de mon voilier, j'ai embarqué sur la Transat Jacques Vabre Morgan Lagravièvre, skippeur de talent et d'expérience.

Hélas ! Deux heures après le départ, nous avons dû nous retirer de la course après avoir heurté un rocher en longeant la côte. La structure de la coque, fortement endommagée, nécessitait d'importantes réparations. À peine un an après avoir démâté dans la Route du Rhum, je me retrouvais à nouveau arrêtée en plein élan. J'oscillais entre colère, déception et incompréhension, et commençais à m'inquiéter. Il me fallait gagner le droit de partir sur le Vendée Globe, car il y avait plus d'inscrits que de places dans le port des Sables-d'Olonne. La course aux milles, qui départagerait les candidats en fonction des parcours en compétition, était mal engagée de mon côté. Ces deux abandons consécutifs m'avaient fait dégringoler dans le classement. Je n'avais aucune assurance de figurer parmi les skippeurs qui, un an plus tard, partiraient pour le tour du monde que je préparais pourtant activement.

Cette fois encore, malgré tout, j'y croyais. Je finissais par être habituée à basculer de l'espoir à la déception, et j'avais appris à me relever rapidement. Trop, peut-être ?

En février 2020, mon bateau réparé, je suis partie pour une navigation d'entraînement de trois semaines en Atlantique. Juste à temps, car à peine étais-je de retour, tout a été chamboulé: le pays était confiné! Impossible de m'entraîner ni de me qualifier pour le Vendée Globe: la Transat anglaise ainsi que la New York-Vendée étaient annulées. En apprenant cela, j'ai fondu en larmes. C'était la mauvaise nouvelle de trop. Être seule en mer, oui, j'aimais ça, mais être contrainte à rester seule à la maison à quelques mois du tour du monde pour lequel je devais encore me sélectionner, je ne le supportais pas.

Contrairement à ce que je redoutais, le repos forcé m'a fait le plus grand bien. J'ai pu vérifier à quel point j'avais appris, ces dernières années, à tirer profit de la solitude et du silence. J'ai aussi pris conscience de la fatigue accumulée au fil des saisons de course et des nuits de sommeil fractionné. L'hyperactivité inhérente à la course au large m'entraînait dans un rythme qui n'était pas le mien et l'effet du stress s'ajoutait à la fatigue pour épuiser mon énergie.

Début juillet, je me suis élancée des Sables-d'Olonne pour la Vendée Arctique, moins préparée que d'habitude, mais plus en forme que jamais. C'était la leçon du confinement.

Autant en février, lorsque mon bateau s'emballait, avec ses foils contre les vagues, l'intensité de la vie à bord m'avait épuisée, autant cette fois-ci, je supportais sans peine de traverser des coups de vents encore plus forts. Autant je m'étais inquiétée de toutes les avaries à réparer, autant désormais, alors qu'elles étaient encore plus nombreuses, j'y faisais face sans broncher. Après la longue parenthèse imposée par le Covid-19, je résistais bien mieux au stress que quelques mois plus tôt, même devant ma bôme cassée en deux.

Mes représentations de la recherche de performance étaient en train de changer. S'entraîner à outrance et se faire mal sans s'écouter n'étaient plus mes voies de passage. J'avais éprouvé par moi-même et sous la contrainte ce que ralentir, s'arrêter, ne pas agir signifiait. J'avais compris et vérifié quel pouvoir de mise en action il peut y avoir dans l'immobilité. Onze jours après avoir quitté Les Sables et dix-sept années après m'être lancée dans ma vie de navigatrice, j'ai coupé la ligne d'arrivée de la Vendée Arctique en treizième position: j'étais qualifiée pour le grand départ.

Je figurais parmi les trente-trois skippeurs qui allaient s'élancer, trois mois plus tard, en direction des mers du Sud.

S'ENGAGER

Refuser la peur

2004. Ce matin-là, c'est la deuxième fois que je sors de ma camionnette, la deuxième fois que je secoue mon sac de couchage sur le parking de la pointe de Kervillen, à La Trinité-sur-Mer. C'est là que j'ai dormi, en bord de mer, loin du village et des regards. Devant la caméra de Claude et de Yohan, apprentis cadreurs, je re-range mon lit et re-referme mon sac de vêtements. Les cinéastes en herbe réalisent un documentaire sur la course au large. Voilà quelques semaines à peine que je suis arrivée de Rotterdam avec mon Mini 6.50, et je suis la seule à naviguer ici en plein hiver. Tous les autres skippeurs ont mis leur bateau en chantier.

En ce mois de février, je tire mes premiers bords en baie de Quiberon. N'ayant encore participé à aucune course ni même passé une nuit en mer à bord de mon embarcation, je me pose autant de questions que mes intervieweurs. À quoi ma nouvelle vie va-t-elle ressembler? Je ne le sais pas encore. Qu'est-ce qui m'a menée là? Une idée qu'on m'a soufflée il y a deux ans et une envie qui me taraude depuis longtemps. Un besoin d'aventure et de liberté. Combien de temps vais-je vivre ainsi? Cette question-là, personne ne la pose, pas même moi.

Dans la foulée de l'interview, nous prenons la route pour Lorient où je vais partager le micro avec un grand nom de la voile, Alain Gautier. Le scénario veut qu'il adresse à une jeune navigatrice des conseils pour percer dans le milieu de la course et trouver des sponsors. Intimidée, je ne sais que dire ni où me mettre.

Loin de moi l'idée de devenir un jour un skippeur du Vendée Globe ni de faire équipe avec Alain.

Cela fait quelques semaines que je m'entraîne ici, seule dans la baie depuis que mon père m'y a laissée avec mon bateau. Je découvre les subtilités de mon voilier de course et réalise tout juste que je concrétise mon rêve. Chaque soir, avant de rentrer au port, je compose le numéro de Cécile, avec qui j'ai sympathisé, pour lui demander de m'aider à accoster. Elle a participé à la dernière Mini Transat et travaille dans une voilerie près des pontons. Avec le courant traversier, il n'est pas facile de rentrer à la voile dans la place qu'on m'a attribuée. Je dois à la fois m'orienter face au vent, arriver avec de la vitesse et, quand personne n'est là, sauter sur le ponton les amarres en main pour donner le dernier coup de frein. Lorsque je peux compter sur Cécile, elle m'aide ensuite à rouler les voiles et à lover les écoutes, avant de reprendre la route pour Quiberon où elle habite. Moi, je file me doucher à la capitainerie. En hiver, le port de La Trinité est vide et silencieux. Les seules personnes que l'on croise dans les rues du village sont des navigateurs. Tous passionnés par la Mini. Je les retrouve parfois en fin de journée, mais le plus souvent, mes soirées se passent en solitaire, en bord de mer. Fatiguée par le grand air et lasse de résister au froid, je me couche tôt pour regagner des forces.

Dans le quartier de Kervillen, il n'est pas courant de dormir dans sa camionnette. À cette époque, je ne sais pas que l'une des maisons voisines abrite mes futurs amis Françoise et Éric Lombard, et que, grâce à eux, je m'engagerai un jour dans l'une des plus folles aventures qui soient.

Mais je sais déjà que je dois beaucoup à mes rêves. Je leur dois d'avoir quitté la vie étudiante, mes amis et ma famille pour déposer mes valises ici en Bretagne. Je leur devrai d'avoir atteint des objectifs que je n'avais même pas envisagés : courir la solitaire du Figaro, la Route du Rhum, le Vendée Globe. Et je leur devrai, surtout, d'avoir fait tomber mes barrières intérieures pour me sentir un jour solide, confiante et légitime à la barre d'un voilier de 18 mètres.

Chaque fois que j'y repense, je garde un souvenir ému de mes débuts et de mes premières courses. Je manquais d'expérience, mais je voulais être à la hauteur, alors je me poussais loin. Dormir sur le pont, même à la gîte ou sous la pluie, me paraissait normal, et je m'empêchais d'avoir peur du gros temps. À la fin d'une course, cette première année-là, j'ai été la seule, parmi une petite dizaine de compétiteurs, à couper la ligne d'arrivée. Nous avions traversé une tempête en plein milieu de la Manche et tous mes concurrents avaient jeté l'éponge.

À cette époque, je rejetais et ignorais ma peur dès qu'elle était susceptible de me faire reculer. Je considérais que si les autres pouvaient résister au gros temps sur une coque de 6,50 mètres, je devais moi aussi en être capable. La peur, je la voyais comme un moteur qui m'entraînait et me donnait le goût d'aller plus loin. Alors, quand elle faisait surface et qu'elle me faisait hésiter ou ralentir, je l'écartais le plus loin possible de moi. Je la faisais taire. Pour moi, oser, c'était dompter ses doutes et dominer toute fragilité en espérant finir par s'en débarrasser. Je voyais dans le courage une lutte pour aller de l'avant.

Souffrir mais tenir bon

Lorsque je courais dans le circuit Figaro, mes entraînements démarraient en janvier. Il n'était pas rare de descendre le matin sur un ponton givré et de devoir arroser le pont des voiliers avec de l'eau de mer pour les dégeler. Non seulement on risquait de glisser sur la fine couche de gel déposée dans la nuit, mais les cordages étaient raides et leur manœuvre faisait mal. J'ai souvent eu les mains glacées, et je me vois encore, lors d'une de mes premières sorties, gréer le spinnaker sous la neige. C'était en 2006, quelques mois tout juste après ma première Transat 6,50.

Ce jour-là, il tombe de gros flocons. Le vent souffle fort et chaque rafale me brûle la peau du visage. J'ai beau être couverte, mon nez et mes joues dépassent de ma cagoule, et comme j'ai besoin de mes doigts pour accrocher les mousquetons du sac sur le balcon avant, je ne porte pas de gants. Une épaule appuyée contre l'étai, les pieds calés sur l'étrave, je me concentre à la fois pour éviter de glisser dans un coup de gîte et pour que la précieuse voile que je vais bientôt hisser ne m'échappe pas des mains. Au près, c'est à l'avant que ça souffle le plus fort et que l'on est le plus exposé aux vagues et aux embruns. Je suis novice et veux montrer mon envie de participer à la transat à laquelle nous voulons nous inscrire, David, mon coskippeur, et moi. Lui non plus ne se plaint pas. Comme moi, il reste silencieux. Nous savons tous les deux qu'au printemps, pour le départ de la Transat Ag2r, il n'est pas impossible de rencontrer une météo de ce genre.

Autant savoir faire face! Le bateau sur lequel nous naviguons est le sien, et il est plus expérimenté que moi. Ce jour-là, les conditions me semblent si difficiles que, secrètement, la seule chose que j'attends, c'est le retour au port. Une fois à terre, je sens une douleur remonter le long de mes doigts jusqu'aux dernières phalanges, comme si une pierre était tombée dessus. Attacher les amarres au ponton m'a donné l'onglée. Au moment de lover les écoutes et de plier les voiles, je ne sens plus, dans mon corps, que cette brûlure à l'intérieur de mes os.

Durant de nombreuses années, s'entraîner en plein hiver par tous les temps et passer des nuits glacées à la barre pour relayer le pilote automatique, trop instable, a fait partie de mon programme. Les courses commençaient en général au mois de mars, et pour être prête, je révisais mes gammes avec le groupe des coureurs de Lorient. On se retrouvait à 8 heures sur le ponton. Il fallait être en forme. Chacun préparait son bateau, retirait les housses des voiles, accrochait les drisses et les écoutes. Une fois que nous étions sortis du port, tout devait pouvoir être hissé en quelques secondes. Lors de ces séances, comme dans les régates, nous étions seuls à bord et chaque seconde était comptée. C'était déjà la course. Tanguy, notre coach, nous avait indiqué le parcours dès le matin, car après l'échauffement et les séances de réglage, l'entraînement se terminait par une régate. Les journées passaient à la vitesse de l'éclair, et l'un de mes défis était de trouver le bon moment pour avaler mon pique-nique. Il était indispensable de s'alimenter régulièrement, afin d'avoir l'énergie nécessaire pour hisser, border et affaler les voiles dans le rythme serré qui nous était proposé. Mais faire une pause pour déjeuner n'était pas envisageable, cela aurait été contre-nature. C'était à nous d'apprendre à gérer nos priorités. Plus tard, en compétition, nous retrouverions le même genre de dilemme.

Parfois, le matin, encore fatiguée de la navigation de la veille, je n'avais pas envie d'aller sur l'eau, pas envie d'avoir froid ni d'être mouillée. Pourtant, à chaque retour au port, j'étais heureuse de ma journée, fatiguée, mais joyeuse et remplie d'énergie. Une fois les voiles rangées, les yeux rougis, les traits tirés et le visage couvert de sel, on se retrouvait en salle pour faire le bilan de la journée. C'est alors que la fatigue s'abattait sur nous.

Un hiver, il nous est arrivé de quitter Lorient en flottille pour rejoindre la Manche, longer les côtes du Finistère et traverser jusqu'en Angleterre. L'idée était de repérer le parcours de la Solitaire du Figaro, de débusquer ses pièges et de localiser les courants qu'il nous faudrait emprunter pour gagner, mètre après mètre, du terrain sur nos adversaires. J'aimais beaucoup cela: se donner, comme en compétition, mais sans pression. Poser le pied à terre dans un pays étranger, prendre une douche chaude, un bon repas et repartir après une courte nuit de sommeil. D'autres fois, nous profitions du passage d'une dépression pour nous endurcir dans le gros temps. Il s'agissait alors de démarrer au vent arrière sous spi et d'aller chercher la vitesse maximale de nos Figaro. Ça, en revanche, j'aimais moins, c'était pour moi l'exercice le plus difficile de tous. J'en avais le ventre noué avant le départ. Déjà, quitter le port en pleine tempête exigeait de prendre sur soi, de challenger sa motivation. C'était le premier danger à négocier. Il fallait d'abord se déhaler du ponton au moteur sans dériver sur les bateaux voisins, puis hisser la grand-voile entre deux rafales avec le plus de force possible, pour aller vite. Le risque était qu'elle tombe à l'eau et empêche de diriger le bateau. Les incidents se produisent le plus souvent près des côtes ou dans les ports, lorsqu'on manque de place pour opérer un demi-tour et pour partir en fuite.

Une fois en dehors de la rade de Lorient, passé la pointe de l'île de Groix, on commençait à évaluer l'état de la mer. Le vent, irrégulier, permettait de trouver un moment propice pour installer le spi. L'ennemi, c'était la mer: voir l'étrave enfourner, se faire embarquer avec elle sous la vague et se retrouver trempée jusqu'aux os avant même le début de la séance. Le danger, c'était aussi que le vent ouvre le sac et embarque la voile sous le bateau avant qu'on ait pu la hisser. On appelle ça chaluter, et c'est une situation que je redoute, car remonter tout le tissu à bord demande beaucoup de force. Je sais qu'ensuite, vidée de mon énergie, je n'ai plus aucun élan pour les manœuvres.

Lorsque tout s'était bien passé et que le spi était en l'air démarrait une séquence durant laquelle je ne pouvais plus quitter la barre ni détourner mon attention de la marche du bateau. Il fallait balayer des yeux l'horizon derrière soi pour anticiper l'arrivée des grains, scruter l'écran qui affichait la vitesse et l'angle du vent, et surveiller son spinnaker, voile fragile s'il en est, pour éviter qu'il ne se dégonfle et ne se regonfle brutalement. Dans ce cas, il peut se déchirer comme une feuille de papier. Je percevais sous mes pieds et mes fesses les accélérations, les coups de gîte, les enfournements. Il fallait réagir en quelques secondes, la barre dans une main, l'autre posée sur le winch à côté de moi, prête à relâcher l'écoute en cas d'alerte. Chacun de mes muscles était tendu, tandis que mon esprit était concentré sur la conduite du bateau. Lorsque le vent montait sous l'effet d'un grain, je sentais mon cœur battre plus vite et ma respiration se raccourcir. La main qui tenait la barre, fermement accrochée, poussant et tirant pour garder le cap, se crispait de plus en plus au fil des heures, au point de me faire mal.

Je n'aimais pas ces navigations-là, car, sous l'effet du stress, je ne parvenais pas à me détendre un seul instant. Je redoutais qu'un écart de route n'entraîne une avarie. Arriver au port où l'on faisait escale était une délivrance. Alors seulement, une fois les voiles affalées et le bateau amarré au ponton, j'éprouvais une grande satisfaction. J'avais tenu bon, j'étais parvenue là sans encombre. Mais j'étais vidée.

M'entraîner ainsi m'habituait à naviguer à la limite de ma peur, et c'était utile. Toutefois, à chaque nouvelle séance, cette peur finissait par revenir, pour finalement me paraître exagérée, une fois l'exercice terminé. Mes concurrents, eux, affichaient moins d'appréhension avant de partir. Pourquoi tout ce stress de mon côté ? J'aimais m'engager au point de me faire mal et j'adorais me dépasser, car c'était un moteur. Mais en même temps, cette manière frontale de m'y prendre me réussissait-elle vraiment ? Avais-je réellement besoin de souffrir pour apprendre ?

Je gardais le souvenir d'incidents avec le spi en l'air. Je les avais mal vécus. Mon Mini avait démâté en 2004, alors que je n'avais pas de quoi financer un nouveau mât. Trois ans plus tard, la pièce qui tenait le bout-dehors s'était cassée et j'avais vu disparaître mes espoirs de gagner la Transat 6.50. En Figaro, j'avais connu une série d'avaries lors d'un entraînement hivernal, en pleine nuit. À la suite d'une erreur de pilotage, mes voiles s'étaient déchirées et le tangon s'était brisé en deux. Casser, c'était se mettre hors-jeu, sortir de la compétition et tirer un trait sur tous ses objectifs. Sans que je l'admette, ces événements m'avaient beaucoup déçue, ils m'avaient coupée dans mon élan et s'étaient imprimés en moi.

Lorsque je partais dans la tempête au près, je n'éprouvais pas d'appréhension particulière, mais au portant, c'était autre chose. Hisser le spi dans la brise réveillait le souvenir de ces échecs que je n'avais pas digérés. Il fallait le reconnaître, choisir d'ignorer ce qui se passait en moi et espérer m'endurcir à force d'expérience ne fonctionnait pas. C'est quand j'ai effectué ma première séance d'EMDR[1] que tout s'est arrangé. Comme si mon cerveau s'était alors reprogrammé. Du jour au lendemain, naviguer au portant par très gros temps a cessé d'être un calvaire, le jeu et le plaisir du risque ont retrouvé leur place. Non, se faire mal n'est pas indispensable pour réussir !

---

1. Eye Movement Desenstization and Reprocessing. Cf. chapitre « Prendre soin de soi », page 177.

Perdre pour gagner

Durant longtemps, ma passion pour la voile s'est concrétisée au travers d'un engagement tel qu'il allait souvent jusqu'à la douleur. C'était, d'une certaine manière, lié à mon caractère. Il m'est naturellement plus facile de me mettre en mouvement que de me relâcher, d'agir que de me reposer. Or, une des particularités de la course au large tient à la longueur des épreuves et au fait qu'elles exigent à la fois de pouvoir tout donner à chaque instant et de savoir se reposer sur commande. Il m'a fallu beaucoup de temps pour trouver l'équilibre entre l'action et le repos.

Dans la Solitaire du Figaro, je ne pouvais pas m'empêcher de passer des journées non-stop à la barre pour améliorer ma vitesse; c'était une erreur. Comme tout se jouait au détail près et que le pilote automatique n'était pas assez performant pour optimiser le passage des vagues et suivre les variations du vent, je remettais à plus tard le moment de lui passer le relais. Pourtant, l'une des règles essentielles que l'on apprend en course, c'est qu'il faut savoir perdre un peu de terrain à certains moments, pour reprendre des forces et être parfaitement concentré dans les passages clés du parcours. Cet enjeu, je le connaissais, mais il m'était difficile de le mettre en pratique. Je ne savais pas m'écouter et j'avais du mal à déceler les signes de fatigue. Lorsque j'en prenais conscience, il était déjà trop tard.

Ma première longue navigation en solitaire, en 2004, a duré sept jours. J'étais partie de La Trinité-sur-Mer pour une grande boucle de 1000 milles dans le golfe de Gascogne et en mer d'Irlande, afin de me qualifier pour la Transat 6,50. Je n'avais encore jamais passé plus d'une nuit seule en mer. Avant de larguer les amarres, je n'éprouvais pas d'appréhension particulière, j'étais surtout excitée par l'aventure qui se profilait. Mais, deux jours après avoir quitté La Trinité, il m'a fallu traverser le rail d'Ouessant sous la brume pour m'engager dans la Manche. À la sortie du chenal du Four, cap au nord, je me retrouvais sur la route des cargos en provenance de l'Atlantique ou qui allaient le rejoindre. Je ne disposais d'aucun équipement pour les localiser. Le vent était faible, j'avançais très lentement et ne distinguais les bateaux que lorsqu'ils étaient tout proches. J'entendais la corne de brume de ceux qui s'annonçaient, mais en l'absence de vent, je ne pouvais pas m'écarter d'eux. Durant plusieurs heures, je me suis sentie totalement impuissante. J'avais l'impression d'avoir gardé mon calme et d'avoir fait preuve de sang-froid, néanmoins, après cet épisode, je ne suis plus parvenue à me défaire de la crainte d'entrer en collision avec un cargo ou un navire de pêche. Sans me l'avouer, j'avais bel et bien eu peur.

Durant les cinq jours de navigation qui ont suivi, à chaque fois que j'allais me reposer, j'y pensais et, du coup, je me réveillais au bout de quelques minutes. Parfois, j'avais des flashs: j'imaginais un obstacle à quelques mètres de mon étrave. J'ai si peu dormi que, même si je suis rentrée heureuse, j'étais totalement épuisée par mon parcours.

Tout en restant imprégnée de ce souvenir, j'avais refoulé la peur que j'avais ressentie, si bien que la difficulté à récupérer quand j'étais seule à bord m'a suivie durant de longues années. En mer, les collisions sont fréquentes, et j'ai manqué plus d'une fois d'en être victime.

Une nuit, alors que je quittais la baie de Quiberon à bord de mon Mini, en convoyage vers Les Sables-d'Olonne, j'ai sursauté en entendant soudain une voix crier. Je venais de rentrer à l'intérieur de mon bateau et n'avais pas vu arriver tout près de moi un voilier qui était prioritaire. C'était un 14 juillet, il y avait des feux d'artifice sur la côte de Belle-Île, en face de moi, qui m'empêchaient de voir ses feux de route. J'ai eu si peur qu'après cette rencontre étonnante il m'a été encore plus difficile de quitter mon poste de veille. C'était particulièrement le cas sur la Solitaire du Figaro, car la course longeait souvent les côtes, les rails des cargos et les zones de pêche, très proches les uns des autres.

Un an après cette frayeur, j'ai connu une autre grande peur en Méditerranée, dans les Cyclades. Alors que je louvoyais dans un vent fort, typique des îles grecques, et dans une mer chaotique, j'ai manqué de peu d'entrer en collision avec l'un de mes concurrents. C'était le milieu de la nuit, on était tous épuisés par les conditions difficiles et je venais de m'octroyer quelques minutes de repos, quand je suis sortie sur le pont pour faire un tour d'horizon. Je naviguais tribord amure, ce qui me rendait prioritaire sur les voiliers que je pouvais croiser et me laissait supposer, à tort, qu'ils effectueraient une veille d'autant plus attentive. En voyant le bateau qui faisait cap sur le mien, j'ai hurlé si fort que son skippeur s'est réveillé, malgré le bruit du vent – ce qui ne servait plus à rien, car j'avais déjà manœuvré pour l'éviter.

Ne pas réussir à se reposer et s'engager vers l'avant sans relâche sont des comportements qui entraînent l'épuisement et entravent la performance. J'en avais conscience, mais puisque j'avais plusieurs fois évité de peu la collision, je ne savais comment réguler cet état de vigilance constante qui me jouait des tours.

Une fois, au petit matin d'une étape en direction de l'Irlande, j'étais si fatiguée d'avoir trop veillé que je n'ai pas vu mon bateau changer de cap et effectuer un demi-tour ! Le pilote automatique était réglé pour suivre le vent, or ce dernier avait tourné. Autant déboussolée par la brume épaisse que par ma fatigue, il a fallu que je croise l'un de mes concurrents pour comprendre que je n'avançais plus dans le sens du parcours!

Ce genre de situation s'est répété pendant plusieurs années, me laissant totalement impuissante, jusqu'au jour où quelque chose s'est modifié en moi. J'ai eu un déclic à la suite d'une conversation avec un ami qui préparait mon bateau aux escales des courses. Il m'a tout simplement fait remarquer qu'aussi longtemps que je refuserais le risque de collision inhérent à la navigation en solitaire, je ne dormirais pas et ne progresserais pas. Je devais, à chaque instant, accepter le risque lié à mon métier. J'ignore quel endroit en moi ces paroles sont venues percuter, mais de ce jour, le sommeil n'a plus été pour moi un problème insoluble. Je venais de me libérer, au moment où je m'y attendais le moins, d'un handicap qui me pesait depuis longtemps.

Savoir doser l'énergie à fournir dans chaque action, trouver l'équilibre subtil que nécessite la gestion des courses, être capable, parfois, de ralentir pour récupérer et préparer la suite, tout cela relève encore d'une autre « sagesse », dont l'apprentissage est long. D'un côté, la faculté d'agir vite et à n'importe quel moment est une condition *sine qua non* pour courir au large. Il faut pouvoir anticiper, s'adapter et décider rapidement. D'un autre côté, il est indispensable, sur le moyen et long terme, de savoir s'économiser.

Mais comment m'économiser quand, dans le Vendée Globe 2020, au milieu des mers australes, après avoir passé plusieurs jours à réparer le balcon arrière, j'ai enfin rejoint le peloton de tête? J'ai enfin l'occasion d'entrer réellement dans la compétition. C'est maintenant que tout commence, mais je me sens fatiguée de faire face, chaque jour, à une nouvelle avarie. Elle est là, la difficulté! Je n'en peux plus de devoir analyser la situation, réfléchir, avec mon équipe à terre, aux moyens de réparer, ramper pour sortir les outils rangés au fond du bateau tout en surveillant les grains et le réglage de mes voiles, et tout en veillant à m'alimenter régulièrement. Après sept semaines de navigation, la liste des réparations à effectuer – lorsque les conditions le permettront – est interminable. Trop longue pour envisager le repos dont j'aurais besoin. Dans ces circonstances, je me sens incapable d'appliquer les règles fondamentales apprises au fil des ans.

Pourtant, ici, dans le froid, dans l'enchaînement des manœuvres, au rythme des grains, des rafales et de la houle, l'énergie consommée à maintenir la cadence, à ne pas ralentir, à empanner au plus fort du vent, est colossale. Alors, cette énergie, je la puise dans mes réserves, dans ce qui me reste de graisse et de muscle, dans l'espoir retrouvé et dans la vitalité que je me suis appliquée à engranger tout au long de l'année. Je la puise en me disant que je trouverai plus tard l'occasion de refaire le plein. J'espère disposer de suffisamment de ressources pour les quatre semaines qu'il me reste à courir. Mais je me trompe, car je ne récupérerai pas et les forces me manqueront amèrement dans les instants les plus périlleux de la fin du parcours.

Une fois cette course effrénée terminée, avec le recul, il m'a été possible de mesurer combien l'ampleur du Vendée Globe m'avait poussée dans mes retranchements. Du premier au dernier jour de mon tour du monde, j'ai dépensé mon énergie sans compter, hissé, affalé, réparé, ne lâchant rien, n'acceptant pas les événements, comme je l'aurais fait à 20 ou à 30 ans. Toutes ces années d'expérience, ces échecs, ces réussites ne m'avaient donc pas appris une manière de naviguer plus harmonieuse et efficace? J'avais bien peu respecté les engagements pris envers moi-même. Les chemins de la transformation sont longs, laborieux et ingrats parfois. On avance et, souvent, on recule.

Mesurer toutes ses forces

L'EMDR[1] m'a permis de me libérer du souvenir d'un événement qui m'avait traumatisée. J'ai effectué un pas de géant en l'espace d'une heure, là où, des années durant, il m'avait semblé avancer et reculer alternativement sans vraiment progresser. Quelque temps plus tard, j'ai découvert une autre méthode, l'eïnothérapie[2], avec laquelle j'ai pu me débarrasser de nombreuses cicatrices profondément inscrites en moi. J'ai progressivement pris conscience que ma manière d'évoluer, utile durant un temps, finissait par me freiner. Foncer sans hésiter et résister au mal permettent d'avancer vite, mais pas très loin.

Dépasser ses limites est, dans la compétition, un véritable moteur et, de fait, y parvenir est un gage de progression et de réussite. Mais la manière de s'y prendre est plus décisive qu'on ne le croit. Agir trop brutalement m'a souvent ramenée à mon point de départ et à réduire ma fenêtre de tir au lieu de l'augmenter. Certes, sortir de sa zone de confort est généralement bénéfique, mais si la façon de procéder est trop radicale, l'objectif visé ne peut pas être atteint.

En psychologie, on appelle «fenêtre de tolérance» cette zone de confort et de sécurité. Avant qu'on m'explique son importance, j'en ai moi-même fait l'expérience pendant longtemps.

1. Cf. chapitre «Prendre soin de soi», page 177.
2. *Ibid.*, 178.

Trop longtemps, en effet, j'ai repoussé mes limites sans en tirer de bénéfice, avant de comprendre que je ne me surpasserais pas de manière durable sans avoir préalablement exploré le territoire à agrandir.

Il me semble que progresser, se hisser au plus haut niveau et affronter le danger nécessitent de regarder dans deux directions: où l'on va et d'où l'on vient. Avec mes coachs, j'avais appris à me focaliser uniquement sur le but et sur le niveau à atteindre. Parfois pourtant, l'écart était trop grand, mon expérience et ma force physique n'atteignant pas celles du peloton de tête. Alors, en me détournant de moi pour regarder là où je voulais aller, je me quittais. On m'enseignait à prendre les autres pour unique référence et à oublier que ma première référence, c'était moi-même.

Pour savoir doser son engagement, prendre des risques et progresser, il est indispensable de s'appuyer sur des fondations solides et de partir d'un lieu de confiance. Durant longtemps, cela ne m'a pas été donné. Alors j'ai mené ma propre exploration, sentant qu'il manquait une dimension à mon approche pour gagner en puissance et en confiance. À force de m'observer et de voir les subtilités de ma psyché se répercuter sur mes résultats, j'ai compris à quel point se connaître est précieux. Qu'est-ce que la connaissance de soi sinon le dessin du paysage au sein duquel nous évoluons et le tracé de ces fameux contours que nous voulons franchir? N'est-ce pas là que l'on peut prendre appui pour mieux se dépasser?

Peu à peu, j'ai découvert combien nos habitudes, nos fonctionnements sont ancrés, imprimés en chaque parcelle de notre corps, jusque, parfois, dans notre sang. Vouloir s'en libérer semble peine perdue. J'ai eu ce sentiment lorsque, en 2020, une prise de sang a confirmé à quel point ma tendance à anticiper et me mobiliser souvent plus que de raison, me collait à la peau. Un taux élevé de cortisol trahissait ma vigilance constante. Dans mes veines coulaient les marqueurs de mon passé et de mes héritages.

Je connaissais cet aspect de moi qui était, certes, une force, mais également une faille, m'empêchant sur le long terme de bien recharger mes batteries. Le cortisol permet, avec l'adrénaline, de rester fort en cas d'urgence, mais il consomme de l'énergie tout en perturbant le sommeil. Réagir efficacement au stress puise dans les ressources vitales de l'organisme ; y répondre de manière excessive ou répétée l'épuise.

Un an après cet examen sanguin, dans le cadre d'une activité musicale, j'ai effectué un bilan auditif. Il consistait à évaluer la capacité d'entendre des sons très graves ou très aigus. Cela n'avait rien à voir avec la voile, néanmoins, une fois de plus, il m'a été indiqué que j'avais une bonne capacité de mise en action, mais un sommeil léger et du mal à récupérer. C'était comme si mon cerveau reptilien restait toujours actif et surveillait le danger.

Certains traits de caractère, ancrés au plus profond de nous – quelle qu'en soit la cause –, sont difficiles à déloger. Ils sont longs à apprivoiser. Considérant depuis longtemps que l'esprit et le corps sont deux faces d'une même pièce, j'ai fini par me tourner vers ce dernier pour pénétrer dans le labyrinthe du mental. Huit ans après avoir commencé à m'entraîner pour courir le Vendée Globe, cette habitude est devenue un réflexe. Il me semble qu'on ne peut pas agir sur l'un sans agir automatiquement sur l'autre.

La posture corporelle, par exemple, reflète une attitude intérieure. Mes épaules, mes mâchoires et mes yeux tendus m'indiquent que je suis en état de vigilance. Quand mon énergie et ma présence se dirigent vers mon ventre, ils traduisent au contraire un état de confiance. Avec la méditation ou la danse sensorielle, je trouve les conditions pour me détendre et pour porter mon attention sur ce qui se passe aussi bien à l'intérieur de moi qu'à l'extérieur. Je peux ainsi m'installer dans un juste milieu plus économe en énergie.

Ces pratiques de développement personnel[2] m'aident à me connaître, et me connaître permet de cibler mon travail pour augmenter mon potentiel. Les gens dont on dit qu'ils vont de l'avant sont tournés vers l'action et ont instinctivement tendance, lorsqu'ils sont debout, à diriger leur posture vers l'avant. La posture de recul ne leur est pas naturelle (ce qui est mon cas), et se reposer pour retrouver de l'énergie leur est donc moins facile. Le Pilates ou le mouvement sensoriel m'offrent un rééquilibrage progressif dans cet axe. Par exemple, j'effectue des mouvements lents d'avant en arrière, ou j'engage davantage ma chaîne musculaire postérieure dans mes efforts. En méditation, je peux également diriger mon attention vers mon dos et ma nuque, et vers l'espace derrière moi. Aussi anodins que paraissent ces exercices, ils m'aident à prendre du recul et ils agissent, au fil du temps, sur mon comportement.

Les expériences que je peux tenter pour enrichir mon approche sportive et augmenter mon potentiel autrement qu'à travers la prise de masse musculaire sont multiples. Cultiver le relâchement est particulièrement productif, en ce qui me concerne, c'est pourquoi j'attache de l'importance à alterner les séances de préparation sportive et la gymnastique sensorielle, lente, qui engage l'ensemble du corps dans la détente des muscles. Physiologiquement, la logique veut que plus j'arrive à les relâcher, mieux je saurai les mobiliser dans l'action, ce qui me fatiguera moins sur le long terme.

En 2022, à l'occasion de la Bermudes 1000, puis de la Route du Rhum, j'ai ressenti l'apport des outils dont je disposais.

Première course de la saison, la Bermudes 1000 présente le format d'une étape de Solitaire du Figaro, avec un parcours segmenté : une traversée de la mer d'Irlande et du golfe de

2. Cf. chapitre « Prendre soin de soi », page 163.

Gascogne, et plusieurs marques à contourner. Sur les pontons du port de Brest, avant le départ, je ne me sens pas dans les meilleures dispositions. Je dors peu et mal dans le logement que j'ai loué, et je suis contrariée par l'importance du travail de préparation restant encore à effectuer à bord. Sans doute ne suis-je pas beaucoup plus prête que mon bateau, car j'ai du mal à me mobiliser pour cette première épreuve de l'année. Sans que je comprenne pourquoi – peut-être un contrecoup du Vendée Globe –, la pause hivernale n'a pas éliminé ma fatigue. Je suis si peu affûtée en ce début de saison, que cela m'oblige à lâcher toute forme de pression et d'objectif. Ma seule intention est de boucler le parcours.

Paradoxalement, le fait de me pardonner d'avance les erreurs à venir me libère des longues hésitations quant aux choix des voiles à hisser et de la trajectoire à prendre. Sur ce parcours varié, les vents alternent, tantôt très fort, tantôt très faibles, les manœuvres sont nombreuses, me laissant peu de répit. Leur enchaînement a beau être éprouvant sur un bateau de 18 mètres, contre toute attente, cette course sera l'une des plus réussies dans ce circuit.

À l'approche des côtes irlandaises, j'entreprends de rouler ma voile de portant plus tôt que mes concurrents, pour l'affaler et la ranger. Cela tombe juste au moment du passage du front, là où les vents soufflent le plus fort. Avant de me rendre sur le pont, tout à l'avant du bateau, pour m'accrocher à ma voile afin de lui éviter, dans l'affalage, de passer par-dessus bord, je me remémore l'intention avec laquelle je suis partie, la veille, et je me promets de doser mes efforts, sans me brusquer, quitte à perdre du terrain sur mes poursuivants. Plus tard, après avoir contourné le phare du Fastnet, heureuse de ma dixième position dans la flotte, mais éreintée, je choisis de me reposer autant que nécessaire, quitte à laisser partir devant moi les concurrents qui me talonnent. Il me semble avoir enfin adopté la consigne apprise durant mon passage en classe Figaro. Tout au long des six jours de navigation, bien que toujours proche, voire carrément en contact visuel avec mes adversaires, je n'ai cessé, jusqu'à la dernière nuit, de me préserver et de m'économiser.

L'étonnant aboutissement de cette course, c'est qu'en me ménageant, je suis restée lucide, j'ai viré de bord et changé de voiles au bon moment, et malgré ma fatigue, j'ai terminé en cinquième position, devant des voiliers plus récents et plus performants.

Cette année-là, après un été teinté de doutes, j'ai retrouvé, à l'occasion de la Route du Rhum, une façon similaire de naviguer, avec de l'engagement, mais du repos, en acceptant les aléas et en conservant jusqu'au dernier instant ma place dans le top 10.

SE LIBÉRER

Accepter qui je suis

Nos limites ont beaucoup à voir avec nos conditionnements. En tant que femme évoluant dans un milieu d'hommes, j'ai pu me rendre compte de l'ancrage profond de ces modes de pensée et ces comportements transmis par notre éducation, mais également nourris tout au long de la vie. Voilà pourquoi j'accorde tant d'importance à l'association Horizon Mixité. Débusquer ces conditionnements motive tout autant mon engagement que ma préparation à la course, non seulement pour étendre le champ des possibilités, pour libérer un potentiel en dormance, mais aussi, tout simplement, pour gagner en liberté.

J'avais 26 ans en 2004, lorsque je me suis lancée dans l'aventure de la compétition en Mini 6.50. Je me suis très vite sentie à ma place dans ce milieu. Mes concurrents étaient surtout des hommes, mais je me trouvais à l'aise parmi eux. Dans mon enfance, j'avais été un garçon manqué. Le dernier jour où j'avais porté une jupe était, je crois, celui de mon entrée à l'école primaire ! Je ne me souviens pas de ce qui s'est passé ce jour-là, toujours est-il qu'ensuite, je n'ai plus porté que des pantalons. Était-ce déjà l'effet d'un premier conditionnement ? Je l'ignore, mais j'aimais bien qu'on m'appelle « jeune homme » à la boulangerie. Prenant exemple sur les garçons, je me battais dans la cour de récréation et fuyais les jeux des petites filles. En Mini, ma combativité a été un atout précieux. Et, bien que je n'aie jamais pratiqué la compétition auparavant, j'avais une soif d'engagement telle que j'ai vite accédé à de bons résultats. Ne pas manger, ne pas dormir, écorcher la peau de mes mains sur les cordages qui servent à manier les voiles, la quille et les dérives, recevoir des embruns en pleine figure, porter un bonnet dégoulinant et sentir l'eau couler dans mon cou m'amusaient terriblement. À la fin des courses, j'avais le visage couvert de boutons, je faisais des réactions allergiques au Néoprène du col et des manchons de ma vareuse. Pourtant, je m'en fichais. Peu m'importait que j'aie eu chaud dans mes vêtements peu respirants, puis froid une fois couverte de transpiration. Je ne me plaignais pas de mes mains qui me brûlaient au point que rouler mes voiles devenait un calvaire. Ni de la fatigue qui me faisait souvent m'endormir devant le repas fumant qu'on nous servait en guise de bienvenue. J'avais tout donné de moi et en cela, je me sentais particulièrement vivante.

Ainsi, dès ma première année de course, j'ai pu régulièrement accéder au top 10, voire au top 5. Lorsque, trois ans plus tard, en 2007, j'ai gagné la première étape de la Mini Transat, je me suis sentie incroyablement fière et heureuse, mais pas tellement étonnée. J'avais terminé sur le podium de toutes mes courses de l'année, et plusieurs fois sur la première marche. J'étais arrivée cinquième à Salvador de Bahia, à l'issue de la seconde étape de cette même course, deux ans plus tôt, sur un bateau d'ancienne génération qui n'avait pas le potentiel pour gagner. Le Mini était un voilier de petite taille et malgré mon petit gabarit, je ne manquais pas de force pour manœuvrer aussi rapidement que les hommes. Bien que particulièrement émue par ma première place à Madère, j'avais le sentiment d'une victoire légitime. L'accueil que j'ai reçu était à la hauteur de ma joie, du coup, je n'ai pas prêté attention à la démesure de l'enthousiasme suscité par ma performance. L'un des journalistes à bord de la vedette de presse venue à ma rencontre à l'arrivée avait pleuré d'émotion en réalisant qu'une femme remportait l'étape. Mais ça, je l'apprendrai dix ans plus tard.

Au Portugal, il était – apparemment – encore moins courant qu'en France de voir une femme devancer toute une flotte de marins. Longtemps après mon retour, en consultant les journaux récoltés sur place, j'ai découvert qu'un très long article relatant ma course faisait référence à Jeanne d'Arc. Ne parlant pas le portugais, je n'ai pas précisément compris le propos, mais j'ai saisi combien l'auteur de ces lignes était dithyrambique à mon égard.

Durant les quinze jours d'escale, je suis devenue la mascotte des habitantes de Funchal. Leur réaction montrait que, pour elles ce que je venais de réaliser était inconcevable. Au départ de la deuxième étape, certaines d'entre elles s'étaient réunies sur le quai pour scander mon nom en guise d'encouragement ! La pression était immense et j'ai enregistré, inconsciemment, qu'il n'est pas normal de gagner une course lorsqu'on est une femme.

En 2008, j'avais vendu mon Mini, quitté l'environnement bienveillant et fraternel de cette classe dans laquelle j'avais tissé de solides amitiés, pour me lancer en classe Figaro où couraient les marins et régatiers les plus avertis de la course au large. Je découvrais ce circuit et, cette année-là, nous étions trois femmes à concourir. Avec une troisième place au classement des bizuths, et une trentième position au classement général de la Solitaire du Figaro, je n'étais pas attendue aux avant-postes en partant pour la Cap Istanbul, une compétition qui ralliait Nice à l'entrée du Bosphore.

J'ai été aussi surprise que mes adversaires de remporter la troisième étape, en Crète. Mais ce qui m'a le plus étonnée, c'est l'ambiance lors de la remise des prix. Quelques heures avant de couper la ligne d'arrivée, j'avais surpris une conversation à la VHF entre les deux skippeurs qui me talonnaient. L'un d'eux exprimait sa déception à l'idée que cette étape soit remportée par une femme ! À terre, aucun skippeur, ou presque, n'était venu me féliciter. J'avais l'impression d'avoir commis une faute. Je ne sais pas quel impact cet épisode a eu sur moi, mais loin de me mettre en confiance, il m'a, lui aussi, indirectement, laissé entendre que les femmes n'avaient pas leur place sur les podiums en Figaro.

Depuis mon enfance, ce que j'avais intégré, c'est que pour faire partie du clan des garçons, il fallait être courageuse, batailler et ne jamais reculer devant les défis. Pendant les vacances dans les montagnes autrichiennes, j'avais appris à grimper la pente aussi vite que possible et, de retour au bord du lac, à plonger le plus profond possible pour ramasser des cailloux. Rarement on me surprenait à peigner des poupées avec les filles. La plupart de mes amies étaient, elles aussi, des petits garçons en puissance. Si bien que cela m'a paru naturel, dans mes premières années de course, de m'appuyer sur cette combativité qui m'était donnée depuis toujours, et de m'inspirer de mes concurrents pour augmenter mes compétences.

Entourée et coachée par des hommes, je me suis conditionnée à fonctionner comme eux. Au Pôle France de La Forêt-Fouesnant, je ne ratais pas une session de préparation physique. Celles-ci étaient strictement identiques pour tous les participants. Les séances de natation comprenaient les mêmes exercices, avec les mêmes distances à parcourir et le même temps de récupération pour tout le monde. Entre chaque longueur, il fallait sortir du bassin et réaliser un certain nombre de pompes, qui était, lui aussi, identique pour chacun d'entre nous. Comme nous étions peu de femmes, je me suis rapidement sentie en échec, incapable de suivre la cadence du groupe. Mes aptitudes et ma force n'égalaient pas celles des autres membres du Pôle, mis à part celles des femmes, et j'ai cru, pendant un temps, avoir du retard à rattraper. J'ai pensé qu'en m'entraînant davantage, j'y parviendrais. Alors j'ai engagé un coach pour me proposer des séances individuelles que j'imaginais adaptées à mes besoins, et les ai ajoutées à celles que je réalisais déjà. Sur l'eau aussi, j'ai intensifié mon entraînement en intégrant un autre groupe, en plus de celui avec lequel je naviguais.

Au cœur de ce cercle improductif, ma condition physique a diminué, une fatigue chronique s'est installée, suivie d'une baisse de motivation qui m'a fait culpabiliser. Je mesurais la chance que j'avais de vivre de ma passion, alors je ressentais comme une obligation de travailler dur pour mériter ma place, et m'interdisais tout repos, même lorsque j'étais malade. En plein hiver, quelles que soient les conditions, je me levais à 6 heures pour démarrer la journée avec un jogging en forêt, et j'enchaînais avec un réveil musculaire. Bref, je me suis épuisée.

Un jour, la médecin homéopathe qui me suivait m'a fait remarquer qu'il n'était pas normal d'être ainsi fatiguée durant tout l'hiver, alors que je devais emmagasiner des forces pour la saison. Elle a été la première personne à m'indiquer que je présentais les symptômes du surentraînement.

Par ailleurs, je ne me sentais pas tellement en phase avec mes concurrents ; j'avais du mal à m'intégrer au groupe. La chaleur humaine du circuit Mini me manquait. Malgré l'entourage de l'écurie de course de Jean-Pierre Dick à Lorient, rejointe en 2008, j'ai mis beaucoup de temps à sortir de la boucle néfaste.

En 2011, la perte de mon fidèle sponsor Synergie a augmenté mon sentiment d'échec et la baisse d'estime qui allait avec. Une difficulté en entraînant une autre, en 2013, j'ai traversé une déception amoureuse et perdu les derniers sponsors qui me maintenaient la tête hors de l'eau. J'avais engagé mes économies pour continuer de courir, mais, cette année-là, faute de moyens, j'ai dû renoncer à la Solitaire du Figaro, l'épreuve principale du circuit, et me séparer des différentes structures qui m'entouraient.

C'est seulement après avoir touché le fond que j'ai lentement changé de regard et d'approche : ni le fonctionnement dans lequel je m'étais laissée enferrer ni les valeurs véhiculées autour de moi ne me correspondaient.

Regarder autrement

En me retournant vers moi, j'ai peu à peu compris qu'il y avait des façons de faire que je ne m'étais tout simplement pas autorisées. Parce que la quantité de travail était le maître mot, et le fait de souffrir pendant les séances, un critère de réussite, le plaisir, lui, était optionnel.

Plus tard, j'ai également pu identifier les petites phrases et expressions que j'avais faites miennes, tout comme les remarques à mon sujet qui, à leur manière, me collaient à la peau. « Ne jamais rien lâcher, car rien n'est jamais perdu »: j'avais prononcé ces mots alors que je vivais mes premières expériences dans le milieu, et, durant près de quinze ans, cette formule m'a suivie comme une injonction permanente. Effectivement, je ne lâchais rien, pour le meilleur... et pour le pire. Durant mes études, un professeur avait dit de moi que j'étais capable « du pire comme du meilleur ». Je ne saurais dire quel impact ces propos ont eu sur moi par la suite, mais j'ai appris, plus tard[1], à quel point des remarques anodines entendues dans l'enfance peuvent se transformer en véritables croyances.

Dans notre parcours de vie, chaque expérience est susceptible d'entraîner un conditionnement, qu'il soit positif ou limitatif. Dans l'idée de me libérer des conditionnements restrictifs, j'ai appris à débusquer tout ce qui peut s'en approcher. Mon

1. Lors d'un atelier de communication non violente, j'ai exploré le cheminement d'une croyance que j'avais faite mienne depuis l'enfance.

intention, aujourd'hui, c'est d'essayer de faire page blanche à chaque nouvelle course.

Lorsque je me suis alignée pour la deuxième fois sur le départ de la Route du Rhum, en 2022, les journalistes me demandaient systématiquement si je partais prendre ma revanche sur l'édition précédente, écourtée par la rupture de mon mât. Au début, je ne comprenais pas pourquoi cette question récurrente me dérangeait, puis j'ai saisi : je n'aimais pas qu'on évoque mes objectifs en faisant référence à un échec. Moi, je cherchais à repartir en course avec un regard neuf !

Je n'avais que trop fait l'expérience du poids des épreuves, avec l'impression, parfois, que l'histoire se répétait. En voyant ma grand-voile se déchirer, quelques mois plus tôt, peu avant l'arrivée en Islande lors de la Vendée Arctique 2022, j'avais ressenti un malaise, sans savoir l'analyser. Dans les quatre dernières années, j'avais démâté sur la Route du Rhum en 2018, abandonné la Transat Jacques Vabre en 2019 à cause d'un talonnage[2], péniblement terminé la première Vendée Arctique en 2020 après la rupture de ma bôme, et déclaré forfait sur le Vendée Globe en 2021, une semaine après avoir passé le cap Horn. En novembre 2021, lors de la Jacques Vabre, mon spinnaker était passé à l'eau de manière incompréhensible, me privant d'une voile précieuse sur la route de la Martinique. Une fois de plus, dans cette Vendée Arctique 2022, tout au nord de l'Atlantique, tout près du but, j'avais subi une avarie majeure. Cette nouvelle déconvenue m'avait à la fois découragée et révoltée. Et elle avait ajouté du poids aux doutes qui m'habitaient depuis quelques semaines. Tout cela avait-il du sens ? Fallait-il vraiment que je poursuive, comme je m'y étais engagée, cette vie de navigatrice jusqu'au départ du prochain Vendée Globe ?

2. Talonner : heurter le fond avec la quille du bateau.

Ma mésaventure dans la Vendée Arctique avait été la goutte d'eau de trop. En novembre 2022, au départ du Rhum, je savais devoir oublier beaucoup d'événements de mon passé, proches ou lointains, pour parvenir à écrire une nouvelle histoire.

Et c'est ce que j'avais commencé à faire en utilisant une technique d'autohypnose que j'avais découverte quelques mois plus tôt, et que je commençais à maîtriser. Pour la nouvelle traversée qui se présentait, dans mon état d'esprit, tous les scénarios étaient possibles. Je pouvais subir une nouvelle déception, mais cette perspective ne me faisait plus peur. Par ailleurs, je me sentais confiante et heureuse de prendre le départ.

La course a été difficile. Dès les premières vingt-quatre heures, j'ai dû accepter de ne pas suivre le peloton de tête, pas seulement en raison du potentiel de mon voilier, mais aussi parce que la sortie de la Manche s'est faite face au vent, en louvoyant. Il a fallu virer de bord autant de fois que possible, afin d'éviter les courants contraires. En Figaro, lorsqu'on longeait les côtes bretonnes, cela faisait partie du jeu: on pouvait enchaîner plusieurs dizaines de virements de bord en quelques heures. J'étais essoufflée à l'issue de chacun, mais je parvenais à récupérer suffisamment vite pour me préparer au suivant. En Imoca, je n'ai pas la force suffisante pour manœuvrer de la sorte. À chaque virement de bord, une fois passé le lit du vent, il me faut activer les manivelles avec toute mon énergie pendant plusieurs minutes, pour régler les voiles et retrouver ma vitesse cible.

Cette nuit-là de la Route du Rhum 2022, j'ai fait le choix de contourner le chenal du Four et l'île de Sein, et de passer au ras d'Ouessant pour économiser mes forces, en acceptant de laisser partir devant moi certains de mes concurrents directs.

Faire ainsi aveu de faiblesse ne m'était pas inhabituel. Justine Mettraux m'avait impressionnée en s'engageant dans le chenal du Four, mais moi, je ne m'en étais pas senti la force. Néanmoins, après ce départ épuisant et malgré les conditions difficiles qui ont suivi, je suis parvenue à tirer mon épingle du jeu. À la faveur d'une option dans l'ouest de la flotte, qui m'imposait de traverser un troisième coup de vent, je me positionnais à la huitième place au bout de six jours. Au-delà de mes attentes !

C'est sur un plan plus personnel que quelque chose de particulier s'est joué durant ces treize jours de traversée. À plusieurs reprises, sur ce voilier comme sur d'autres, j'avais vu le sort s'acharner contre moi alors que je naviguais aux avant-postes : lors de la Transat 6,50, en 2007, qui s'est soldée par une avarie pénalisante sur la seconde étape ; lors de la Transat anglaise, en 2016, où la coque de mon Class40 s'est fissurée alors que je naviguais en première position de la flotte ; durant le Vendée Globe, quand le système de quille du MACSF a lâché au bout d'une formidable traversée des mers du Sud. Ces mauvais souvenirs à l'esprit, j'avais beau me démener pour conserver ma huitième place, je m'attendais à voir la chance se retourner contre moi. C'est ce que j'ai cru, à l'entrée des alizés, lorsque la pièce servant à accrocher mon spi en tête de mât a refusé de fonctionner : impossible de hisser le spinnaker ou le grand gennaker, les deux voiles indispensables dans ces latitudes ! Il y avait certes une alternative, mais le potentiel de mon bateau était affecté.

J'ai senti l'inquiétude monter, avec un mélange de colère et de déception, et j'imaginais déjà qu'allait se rejouer un scénario que je connaissais par cœur. Comme mon esprit s'est mis à tourner en boucle et que mon énergie baissait, j'ai décidé de m'allonger dans ma bannette pour réaliser une séance d'autohypnose. J'avais maintes fois médité en pleine course pour retrouver le calme et la stabilité, mais il m'avait été difficile de ne pas m'endormir, tant j'étais en manque de sommeil. Or, là, au bout de quinze minutes d'autohypnose – une première expérience dans ces circonstances –, je me suis sentie régénérée. Le malaise était passé, je me suis vue accepter la situation qui me troublait, et la tension à l'idée de voir mes poursuivants me devancer a diminué. J'ai retrouvé de la vitalité et poursuivi ma route avec entrain. J'ai été surprise de voir la suite des événements rester en ma faveur et de parvenir à défendre ma place dans une relative sérénité. Et ce, jusqu'à l'approche de la Guadeloupe où la tension est remontée.

J'ai toujours redouté les fins de course. Elles obligent à manœuvrer dans un vent changeant, perturbé par la côte, et demandent de puiser en soi ses toutes dernières forces. L'arrivée de la Route du Rhum est particulièrement délicate, car on doit traverser une zone de calmes où l'on peut rester arrêté des heures durant. De plus, en cette fin novembre 2022, les grains étaient particulièrement violents et nombreux sur la dernière phase du parcours. Sous les nuages, le vent montait, m'obligeant à changer de cap pour orienter le bateau au vent arrière, afin de limiter le risque de le voir se coucher dans une rafale.

En alerte, je me tenais dans le cockpit, debout, l'écoute du gennaker dans la main, prête à la relâcher en cas d'embardée du bateau. J'avais le regard rivé sur les instruments indiquant la force et la direction du vent. Mon cœur battait plus fort. La grand-voile entièrement détendue, j'attendais le retour d'une brise plus maniable. Puis, une fois le grain passé, il se produisait l'inverse : le vent tombait, la vitesse du bateau chutait et je devais patienter à nouveau, en priant pour que l'alizé se rétablisse. Impossible de se reposer dans ces conditions instables et capricieuses. Et la fatigue s'ajoutait au stress...

C'est là que j'ai senti le malaise revenir, accompagné d'agacement et de découragement. Durant près de dix jours, je m'étais donnée à chaque instant, me jetant sur le pont à la moindre rafale, surveillant constamment le réglage de mes voiles, ne dormant parfois pas, ou presque, durant plusieurs jours. La réussite m'avait accompagnée jusque-là, au point de m'en étonner presque, mais, à nouveau, je doutais, je voyais les vieux démons ressurgir. Je ne croyais plus en ma chance. Dans mon corps et mes pensées j'ai reconnu les sensations et les rengaines qui m'avaient alertée quelques jours auparavant.

J'ai décidé de m'allonger à nouveau pour laisser monter la crise et accueillir tout ce qui me pesait. La seule chose à faire, dans ce processus d'hypnose[3], c'est de rester présent à ce qui se passe dans son corps, sans s'en laisser détourner par les pensées. Cette fois encore, j'ai été en mesure de reprendre ma route sereinement au bout de quelques minutes. Et malgré un grain violent et plusieurs avaries de dernière minute, j'ai coupé la ligne d'arrivée en neuvième position, heureuse d'avoir enfin pu atteindre mes objectifs sportifs.

3. Il s'agit de l'eïnothérapie, présentée dans le chapitre « Prendre soin de soi », p. 182.

Faire confiance à son corps

Chaque événement de la vie offre la possibilité de se créer de nouveaux conditionnements ou, à l'inverse, de se libérer de ses barrières mentales. Certaines approches et thérapies sont tournées vers cet objectif. N'est-ce pas l'objet de toutes les thérapies, d'ailleurs ? Parmi celles que je connais, l'eïnothérapie, la transformation des croyances limitantes et la pédagogie perceptive[1] m'ont beaucoup soutenue dans ma préparation. Cette dernière propose une approche corporelle. Elle permet d'identifier les potentiels encore inexploités en s'intéressant aux angles morts de nos mouvements, là où notre corps ne bouge pas avec fluidité. Cela peut venir du fait d'une articulation figée, d'une orientation peu investie (on peut avoir du mal à rester dans ses axes) ou d'une vitesse qui varie peu. Les angles morts sont comme des territoires inconnus.

On peut dépasser les limites ainsi découvertes à travers le toucher du fasciathérapeute ou en bougeant lentement, attentivement, dans les axes encore ignorés ou bloqués par le corps. Sous-entendu : la manière dont on se meut reflète une manière d'être et de se comporter. Autrement dit, on peut briser des barrières en explorant des mouvements qu'on ne fait pas spontanément dans notre vie.

Cet outil m'a immédiatement convaincue. C'était en début d'année 2015, je préparais la saison en Figaro et m'entraînais avec

1. Cf. chapitre « Prendre soin de soi », page 169.

d'autres skippeurs à Lorient. Je n'arrivais pas à trouver le repos ni à lui faire suffisamment de place. Lorsque j'ai fait part de mes difficultés à Philippe, le fasciathérapeute qui me suivait, celui-ci a pratiqué une séance sur table et m'a fait réaliser une série de mouvements à travers lesquels j'ai enregistré – inconsciemment – de nouvelles informations. Sur le moment, il ne s'est rien passé de particulier. Mais dès le lendemain, après ma journée d'entraînement, j'ai eu la surprise d'aller me coucher beaucoup plus tôt que les soirs précédents. Les jours et les semaines suivants, la tendance s'est confirmée et, cette année-là, j'ai beaucoup plus dormi que par le passé, surtout aux escales de la Solitaire du Figaro où mon temps de sommeil a doublé.

Toutes mes expériences avec cette méthode n'ont pas été aussi spectaculaires, et j'ai remarqué, plus tard, que les difficultés pouvaient refaire surface. Mais j'ai saisi qu'il s'était passé quelque chose qui dépassait ma conscience et mon entendement. Et qu'une déprogrammation est toujours possible.

Au fil de mes navigations, j'ai compris combien se déconditionner aide à se rapprocher de soi et à trouver ses propres voies de passage. L'énergie des femmes, par exemple, évolue au cours du cycle mensuel, si bien qu'il y a des moments où l'on est plus en forme que d'autres. Dans mon entourage sportif, trop peu de gens paraissent en tenir compte. Peut-être parce que j'ai toujours été coachée par des hommes... Et parce que le sujet n'entre pas dans leur programme d'études...

J'ai moi-même longtemps ignoré cette donnée, jusqu'à ce que je réalise que je nageais contre le courant. Optimiser mon cycle en respectant mon niveau d'énergie quand il est bas, pour le laisser remonter ensuite, personne ne m'avait jamais suggéré de le faire. Aujourd'hui, j'en tiens compte dans mes choix, même au cœur de l'action où je peux renoncer à une manœuvre parce que je suis trop fatiguée. Bien sûr qu'il est frustrant de prendre un départ le jour du mois où j'ai le moins d'énergie, mais derrière ces contraintes, il y a un potentiel. Le nier ou l'ignorer c'est, d'une certaine manière, se priver de la force de renouvellement dont les femmes sont porteuses – plus que les hommes. Et, en mer, cette régénération est un véritable atout.

J'ai trop longtemps laissé de côté mon instinct et mon intuition. Trop souvent, j'ai ignoré l'une comme l'autre dans mon approche des courses. L'intuition, c'est la faculté de recevoir à l'intérieur de soi une information concernant ce qui se passe à l'extérieur. À force de pratiquer la méditation et le mouvement sensoriel, j'ai appris à garder une partie de mon attention tournée vers mon corps, aussi bien à terre qu'en mer. J'ai développé un ancrage corporel qui m'a ouverte à d'autres types de perception. Avant, je faisais souvent des choix de manière instinctive, surtout en classe Mini. On avait alors très peu de données sur la météo et le routage n'existait pas. Mais je ne parlais ni d'instinct ni d'intuition et personne, autour de moi, ne mentionnait cela comme une capacité. Tout devait être fondé sur la réflexion.

Lors de l'édition 2018 de la Route du Rhum, je me rappelle avoir vécu un épisode qui m'a troublée. J'étais partie depuis deux jours et faisais cap vers l'ouest, à 500 milles au large des côtes françaises. Je me dirigeais vers un front qui devait amener des vents violents. Je le surveillais depuis des heures sur les prévisions. À la tombée de la nuit, le fichier météo du soir a indiqué que le coup de vent allait être moins fort que prévu. C'était une bonne nouvelle, car je me tenais prête à virer de bord en plein dans les rafales, après le passage du front froid. Une manœuvre difficile : il fallait décrocher les voiles amarrées tout à l'avant, sur bâbord, les laisser rouler de l'autre côté sans se faire embarquer, et les attacher solidement de l'autre côté. Dans le pic avant, avec la gîte du bateau et les chocs contre les vagues, on est comme sur une pente verglacée. Pourtant, alors que ma raison était soulagée par cette météo plus clémente que je l'avais redouté, mon corps ne l'était pas. J'avais l'estomac noué. Au fond de moi, je n'étais pas rassurée, sans comprendre pourquoi. Cela m'a semblé absurde jusqu'à ce que, quelques heures plus tard, en pleine nuit, le mât de mon bateau se brise subitement, de manière complètement inattendue.

D'autres épisodes m'avaient déjà laissée perplexe. Lorsque j'étais étudiante à Lyon et que je vivais en colocation avec Morgane, un matin, elle a été prise d'une impressionnante crise d'angoisse. Je n'avais jamais vu cela. Elle était non seulement en larmes, mais tous les muscles de ses mains étaient contractés jusqu'à la tétanie. Elle avait de la peine à respirer et parvenait juste à dire:

– J'ai peur qu'il soit arrivé quelque chose à mon père!

Nous avons dû sortir et marcher un peu avant de pouvoir partir en cours, moi en prépa dans mon lycée, et elle à la fac sur les quais du Rhône. Nous n'avions pas de téléphone dans notre appartement et les portables n'existaient pas encore, si bien qu'on n'appelait nos familles que très rarement. Plus tard dans la journée, Morgane a été appelée par le secrétariat de l'université: elle devait joindre son père d'urgence. Il avait retrouvé sa mère, la grand-mère de Morgane, accidentellement décédée chez elle. Des années plus tard, Morgane m'a avoué que si son père n'allait pas bien, elle le ressentait en elle avant même d'avoir la moindre information.

Personne, dans mon entourage très cartésien, ne s'intéressait aux phénomènes inexpliqués, comme la télépathie. Mais moi, ce que j'avais expérimenté m'avait indiqué qu'on pouvait recevoir des informations par d'autres biais que par la réflexion.

Après la mort de mon père, j'ai retrouvé chez lui une peinture que j'avais réalisée à l'école maternelle et qui m'a stupéfiée. Elle représente un voilier surfant sur la houle, rattrapé par une vague qui semble vouloir l'avaler. À la barre, seule sur le pont, on dirait une femme. Au tout début des années quatre-vingt, nous habitions en banlieue parisienne et mes parents étaient de vrais terriens. D'où cette inspiration m'était-elle venue? Était-elle uniquement l'expression de mon envie de traverser le lac?

Aujourd'hui, je me sers de plus en plus de mon instinct, surtout quand la situation devient compliquée et que je n'arrive plus à la comprendre. Lorsque le vent ne correspond pas aux prévisions (ce qui arrive souvent!), ou que deux options météo se valent, ou encore s'il faut prendre un risque... Plus mon cerveau est perdu, à cause du stress ou d'une incohérence, plus l'intuition devient utile, et, paradoxalement, plus elle est forte.

En 2016, lors de la Transat Anglaise en Class40, je me rappelle avoir senti mon champ perceptif s'accroître et s'affiner d'une façon surprenante. Au bout de quelques jours, alors que les choix stratégiques étaient difficiles à faire, que la météo était complexe et peu lisible, j'ai pris une succession d'options qui ont toutes été payantes. Elles pouvaient sembler risquées, mais pour moi, c'était à chaque fois une évidence. Mon intuition ne contredisait pas ma réflexion: elle la complétait et la renforçait, tout en me préservant du doute. À un moment donné, il a fallu contourner une dépression très creuse par le nord. Au vent arrière, il s'agissait de se glisser dans une bande de vent violent, sans se faire avaler par le centre cyclonique où la mer serait très forte et le vent, lui, très faible. Étonnamment, cette dépression ne me faisait pas peur. J'avais l'impression de la sentir, de la croiser comme on croise un être vivant, incarné, et de pouvoir communiquer avec elle. Je savais ou plutôt je sentais que ce contournement se passerait bien. Eh bien, mon pressentiment a été confirmé: en quelques heures, je suis passée de la troisième à la première place, à laquelle je me suis ensuite accrochée durant quelques jours, jusqu'à ce que la coque de mon voilier se fissure en entraînant une dangereuse voie d'eau.

Mon corps est tout sauf une machine au service de mon être global, sous les commandes de mon cerveau. On appréhende souvent l'entité que l'on est avec ce regard simpliste, alors qu'à mon avis, elle est bien plus riche que cela. À mes yeux, l'enveloppe corporelle qui contient ma vie est une véritable porte d'entrée vers quantité d'informations, vers une multitude de ressources et tout mon potentiel. Alors, forte de ce postulat, je place ma condition physique au cœur de ma préparation, comme tout sportif professionnel, mais je cherche à développer mes perceptions fines, les pratiques physiques douces. Et la lenteur.

Ma discipline se distingue de beaucoup d'autres du fait des multiples contraintes qu'elle génère et des qualités hétéroclites qu'elle exige. L'effort se produit sur la longueur, mais demande autant d'endurance et de force que d'explosivité. La dette de sommeil, les chocs, l'humidité et les variations de température nous mettent à rude épreuve. Or, c'est notre condition physique qui garantit la force et l'endurance dont nous avons besoin tout autant que de résistance et de vitalité.

Notre calendrier est composé de cycles de plusieurs années et comporte des saisons plus exigeantes que d'autres. Dans de nombreux sports, on se prépare de manière à atteindre un pic de forme le jour de la compétition. Notre équation à nous réclame d'être au top pour le départ, durant tout le déroulé de la course et même pour l'arrivée – où tout se joue parfois !

Une autre particularité de la course au large vient de ce que les femmes courent à égalité avec les hommes, quel que soit leur gabarit, tout en sachant qu'un poids plume comme moi aura beau pratiquer la musculation et l'endurance, il ne comblera jamais l'écart de force.

Devant tous ces constats, l'évidence m'est apparue que je devais aller chercher d'autres ressources. En développant mon intuition et mes perceptions fines, non seulement je suis plus réceptive aux informations de toute nature, mais je découvre des leviers pour être en meilleure forme. Ils sont nombreux et je m'étonne souvent de les voir agir sur ma condition physique autant qu'elle-même agit sur eux.

On ne mesure jamais assez l'importance de la récupération, par exemple. Est-ce dû à notre société d'abondance qui accapare notre attention ? C'est probable. En tout cas, se ressourcer avant et durant les courses est aussi indispensable que difficile à réaliser. À bord, cela impose d'apprendre à réguler le stress pour se détendre, à composer avec ses émotions, à dormir malgré le brouhaha et à s'endormir vite. Cela exige aussi de savoir lâcher les réglages du bateau et oublier la course durant un instant. Se reposer est un investissement, ça commence par coûter, car on perd du terrain, mais c'est une clé que tout le monde connaît – sans toujours arriver à s'en servir.

La fatigue est un fléau qui s'immisce dans tous les sports de haut niveau lorsque la pratique est trop intensive. Elle entraîne « un état de dégradation silencieuse du corps » qui se manifeste par une baisse de l'immunité, une inflammation chronique et une diminution de la résistance des tissus qui, en se rigidifiant, entravent la performance des muscles, comme l'explique le fasciathérapeute Christian Courraud[2].

Il y a longtemps que j'ai recours aux sports doux, aux étirements, aux massages et aux médecines dites non conventionnelles, comme l'acupuncture, pour me réparer après l'effort. Mais ma prise en compte de cette problématique ne s'arrête pas là. La question n'est pas tant de récupérer après l'épreuve que d'intégrer le repos au cœur même de l'action. En Occident, on enseigne encore trop peu cette notion, alors qu'en Orient, elle est le fondement même de certaines pratiques sportives. Il

2. *Fasciathérapie et sport. Le match de la santé*, Éditions Point d'appui, 2000.

peut s'agir alors d'une philosophie ou d'un art de vivre. En soi, c'est un objectif bien difficile à atteindre, mais après de nombreuses années de pratique du Pilates, du mouvement sensoriel et d'autres techniques, j'ai pris conscience de l'enjeu qui s'y cachait.

J'ai accueilli à bras ouverts la notion de lenteur lorsqu'on me l'a proposée comme un outil de préparation. La lenteur sensorielle permet de vivre le mouvement dans la globalité du corps et une plus grande détente des muscles. Les exercices de Pilates réalisés au ralenti permettent aussi, à leur façon, de trouver un engagement musculaire à la fois juste et économe. Et ils sont encore plus probants quand ils s'appuient sur la respiration. Non seulement le souffle soutient la détente dans l'effort, mais il participe en outre à l'amélioration de la condition physique aussi bien que mentale. Il a été et continue d'être exploré de bien des manières, à travers des méthodes nombreuses et variées dont la plus connue est le yoga. Pour ma part, je l'ai introduit dans ma vie de tous les jours comme dans mes entraînements.

La récupération, la lenteur et le souffle contribuent à remettre le corps dans une cohérence physiologique. L'ancrage, le ralentissement des pensées et la confiance y participent aussi, de même qu'une bonne gestion du stress et des émotions.

Tous ces paramètres ont le pouvoir d'agir sur mon état physique, et il en existe beaucoup d'autres que je suis curieuse de découvrir, car j'apprends à cibler ceux qui me sont adaptés.

Durant le Vendée Globe, j'ai beaucoup souffert du froid, alors je me suis dit que je devais agir pour devenir plus résistante. À peine rentrée à Lorient, je prenais mon premier bain d'eau froide dans l'océan. Au début, c'était un défi que nous nous étions lancé entre amies, Cécile et Julie et moi. Puis c'est devenu une habitude quasi quotidienne, qui me recharge en énergie et me détend.

J'appréhende souvent d'aller dans l'eau et l'immersion me saisit, mais une fois ressortie, je suis régénérée.

Désormais, l'eau froide me fait moins peur et c'est tant mieux, car en m'engageant une deuxième fois dans cette folle course autour du monde, je fais le choix de parcourir à nouveau les contrées glaciales qu'on trouve au sud des quarantièmes rugissants.

Mon alimentation aussi peut m'aider à performer. La nutrition est reconnue comme un facteur de bonne santé, et elle est indispensable pour entretenir ma condition physique comme psychique. Voici encore un sujet qui semble évident, sans être réellement pris au sérieux. L'immunité, la vitalité et la régénération des articulations et des tendons sont influencées par ce que je mange. De manière directe ou indirecte, mon alimentation est une source de performance.

À terre, manger simple, frais et sain n'est pas très compliqué, mais en compétition, c'est une autre histoire. Non seulement mon bateau n'est équipé ni pour conserver ni pour cuisiner les aliments, mais la chasse au poids limite le choix des vivres que j'embarque. Fruits secs, œufs, conserves et plats déshydratés constituent l'essentiel de mon régime durant des semaines. Là où j'aurais le plus besoin de vitamines et d'énergie, leurs sources sont restreintes, alors je continue d'apprendre à composer. Cuisiner « simple » et manger sain reste possible même au milieu des mers du sud. Mes plats – tajine, curry, confit, poisson... – sont savoureux et préparés avec le plus grand soin.

Mais pour m'alimenter régulièrement et digérer ce que j'avale malgré les à-coups de mon bateau, le handicap n'est pas tant le manque de choix que le manque d'appétit. J'ai parfois l'impression d'être sur le dos d'un cheval qui ne veut pas se laisser monter. Il me secoue dans tous les sens, vers l'avant ou l'arrière, vers le haut ou vers le bas et de bord à bord. Le plus déroutant, c'est l'imprévisibilité du mouvement. Alors, si j'ai de la chance, je ressens la faim, mais sans savoir de quoi. Du sucré, du salé, du fruité, du sec, du tendre ou du croquant ? Mon ventre est versatile et ne veut parfois rien, alors qu'il faut faire du stock et enrayer la perte de poids. Je peux bien sûr essayer de me forcer, doubler ma ration de protéines et de lipides pour me réchauffer, comme je l'ai fait en 2020 durant des semaines. Mais je finis par le payer. Cette année-là, j'ai dû presque jeûner durant trois jours en plein Pacifique Sud, car mon estomac ne voulait plus rien absorber.

Cet incident m'a rappelé ce que je connaissais déjà : au lieu d'écouter les signes dans mon organisme, de réduire mon stress en me poussant moins fort, au lieu de m'économiser et de me reposer, j'étais une nouvelle fois passée en force. J'avais négligé les leçons tirées de mes premières années de course et oublié qu'en cas de doute, une chose est toujours sûre : mon corps ne me ment pas.

SE DÉTACHER

Se fier à soi-même

Septembre 2007. Le départ de la Transat 6.50 a été décalé de quelques jours. En effet, les prévisions annoncent l'approche d'un fort coup de vent, une de ces dépressions qui pourraient faucher la flotte à la sortie du golfe de Gascogne. Les quatre-vingt-quatre skippeurs en partance et le directeur de course sont encore sous l'émotion de la tempête qui, il y a deux mois à peine, a causé le naufrage de plusieurs d'entre nous[1]. Les autorités nous surveillent de près, menaçant de retirer à nos voiliers la dérogation qui les autorise à traverser l'Atlantique malgré leur petite taille. De fait, à bord d'un bateau long de 6,50 mètres, le déferlement d'une vague de 4 mètres, typique de la remontée des fonds océaniques du golfe, peut être fatal.

L'ambiance sur les pontons est, comme toujours au départ de cette course, chaleureuse et joyeuse. Chaque skippeur s'affaire du matin au soir à embarquer son avitaillement, empaqueter soigneusement ses vêtements pour les protéger de l'humidité, passer en revue le matériel de sécurité et de survie, et, pour beaucoup, terminer la préparation du bateau. Certains grimpent au mât afin d'installer des protections destinées à éviter la déchirure des voiles. D'autres plongent et nettoient leur coque qui a intérêt à être aussi lisse que possible, tandis que d'autres encore s'affairent, la disqueuse et la perceuse à la main.

1. En juillet 2007, durant la première étape de la Transgascogne, entre La Rochelle et Gijon en Espagne, un coup de vent avait fait chavirer plusieurs concurrents.

De mon côté, les préparatifs sont bien avancés. Mais je reste concentrée, car il y a maints détails à peaufiner afin d'anticiper les innombrables problèmes qui pourraient survenir. Le petit bijou sur lequel je navigue, fraîchement construit et mis à l'eau il y a quelques mois seulement, est à la fois léger, solide, et néanmoins fragile. Une panne de pilote automatique ou la rupture du bout-dehors ruinerait mes espoirs de terminer sur le podium. Cette année, j'ai passé chacune de mes journées et même certaines nuits au chantier, à installer toutes les pièces d'accastillage sur le pont et sur le mât. Dans l'espoir de limiter le retard de la mise à l'eau, j'ai prêté main-forte partout où je pouvais.

Pour gagner ma place sur la ligne de départ de la transat, je n'ai pas eu droit à l'erreur. Le compte à rebours est lancé depuis le mois de septembre, un an plus tôt. Il m'a fallu participer à toutes les courses du circuit, dont la première, en Italie, au début du printemps. Mon Mini devait être en mesure de terminer ce parcours ainsi que tous les suivants, car les candidats au départ pour le Brésil en septembre étaient plus nombreux que les places disponibles. Nous savions que certains d'entre nous resteraient à quai.

Pour corser l'affaire, à la fin de la construction de mon bateau, mes sponsors ne s'étaient toujours pas engagés pour la saison. Je ne disposais que d'un tiers du budget dont j'avais besoin et ne pouvais, à moi seule, en assumer la globalité. Il fallait impérativement qu'ils signent et que je puisse me qualifier dans les temps.

Chaque matin, cette année-là, je me suis levée en pensant à mon objectif: gagner la Transat 6.50. Pas une minute de mes journées n'a été détournée de cette intention. Et, malgré la course contre la montre et l'énergie qu'il y avait à fournir, j'ai connu la réussite et terminé sur le podium de chacune des compétitions auxquelles j'ai participé.

Au mois de septembre, j'ai récolté les fruits de mon engagement dans ce défi pour lequel j'ai travaillé jour et nuit, inlassablement: je compte parmi les favoris de la course. Les femmes étant rares dans nos circuits, cette situation est remarquée et les journalistes la relèvent systématiquement. Pour la première fois, les regards sont tournés vers moi. La pression intérieure que je m'inflige pour assurer la fiabilité de ma monture et ne rien laisser au hasard, je la vis plutôt bien. Mais celle qui m'arrive de l'extérieur, elle, me pèse. Alors, partir en pleine semaine plutôt que le dimanche initialement prévu, échapper aux milliers de visiteurs et aux centaines de bateaux venus nous encourager sur les premiers milles à parcourir représente une aubaine pour moi. Je garde en mémoire le souvenir honteux d'avoir, deux ans auparavant, sous l'effet du trac, hissé mon spinnaker à l'envers devant le public et les caméras, confondant, au moment de l'installer, le haut et le bas de la voile. Je me souviens d'un regard désapprobateur et de critiques reçues à ce sujet, à mon arrivée aux Canaries.

Non seulement le départ est retardé, mais il est donné dans un temps calme, une brise de force 4, sous le soleil et, qui plus est, au vent arrière. Les conditions sont idéales pour mon bateau. Pour moi aussi d'ailleurs, car je manœuvre intérieurement entre la tension ressentie et le relâchement indispensable. Plus je m'éloigne de la côte, mieux je me sens, et plus je m'installe en moi comme à bord de mon Mini devenu à la fois un compagnon et une nouvelle maison. Quelques heures après le coup de canon, à la tombée de la nuit, j'entends grésiller la VHF. Aucune voile sur l'horizon. La flotte s'est étalée en peu de temps et j'ai perdu de vue mes concurrents, heureuse de me retrouver enfin seule sur l'océan. Dans le récepteur, je reconnais la voix d'un des skippeurs, sans parvenir à comprendre ses propos. Je ne le sais pas encore, mais l'antenne de ma radio ne captera pas durant toute la course, car je n'ai pas su la faire cohabiter, en tête de mât, avec la perche de mon anémomètre.

Ne pas entendre ce qui se dit autour de moi ne me perturbe pas. La solitude m'a tant manqué ces derniers jours que le silence me repose et me réjouit. Malheureusement, je vais bientôt m'apercevoir que la radio BLU, indispensable pour recevoir la météo, le classement quotidien, ainsi que la position de mes concurrents, ne fonctionne pas non plus. Je n'aurai aucun contact avec l'extérieur durant toute l'étape !

Cette avarie, qui me prive du bulletin météo et me limite dans mes stratégies, m'offre en même temps l'occasion de vivre cette traversée sans me préoccuper des autres. Je gère au mieux ma vitesse et ma trajectoire, déchargée du stress que je pourrais ressentir si je me savais proche d'un concurrent. Là, je me donne le temps de réfléchir à mes options et je laisse la place à mon intuition. Les vents forts au passage du cap Finisterre, au large de l'Espagne, m'obligent à rester assise sur le pont des heures durant, à tenir la barre pour éviter à mon bateau des sorties de route. Puis je rejoins les alizés, établis mais modérés, qui soufflent entre 15 et 20 nœuds. Au vent arrière, pendant que le voilier file et surfe les vagues sereinement, je vis dans le cockpit.

La journée, je fais le point sur la carte, je règle les voiles et surveille la marche du bateau, et la nuit, je me roule en boule pour m'abriter du vent et m'endormir. Je perds vite la notion du temps, oubliant mes concurrents et ne comptant plus les jours. De cette semaine de navigation, je retiens les chansons d'Aznavour, choisies dans ma playlist, le glissement de la coque sur les vagues, une vigilance confiante et un calme qui me quittera brutalement la veille de l'arrivée.

Ce jour-là, par miracle, ma radio BLU capte la vacation quotidienne. J'apprends que mon bateau pointe en première position de la flotte. La surprise, la joie et l'anxiété s'entremêlent et me sortent instantanément de la tranquillité dans laquelle j'étais bercée depuis le départ. À ce moment-là, c'est comme si l'on m'avait arrachée à un rêve, une bulle protégée du doute et de la peur.

Du Mini 6,50 à l'Imoca

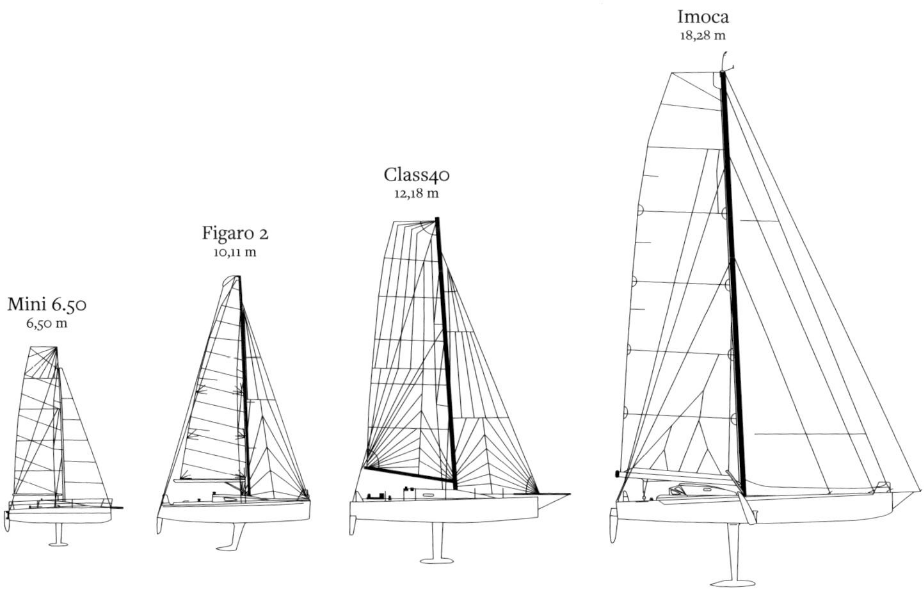

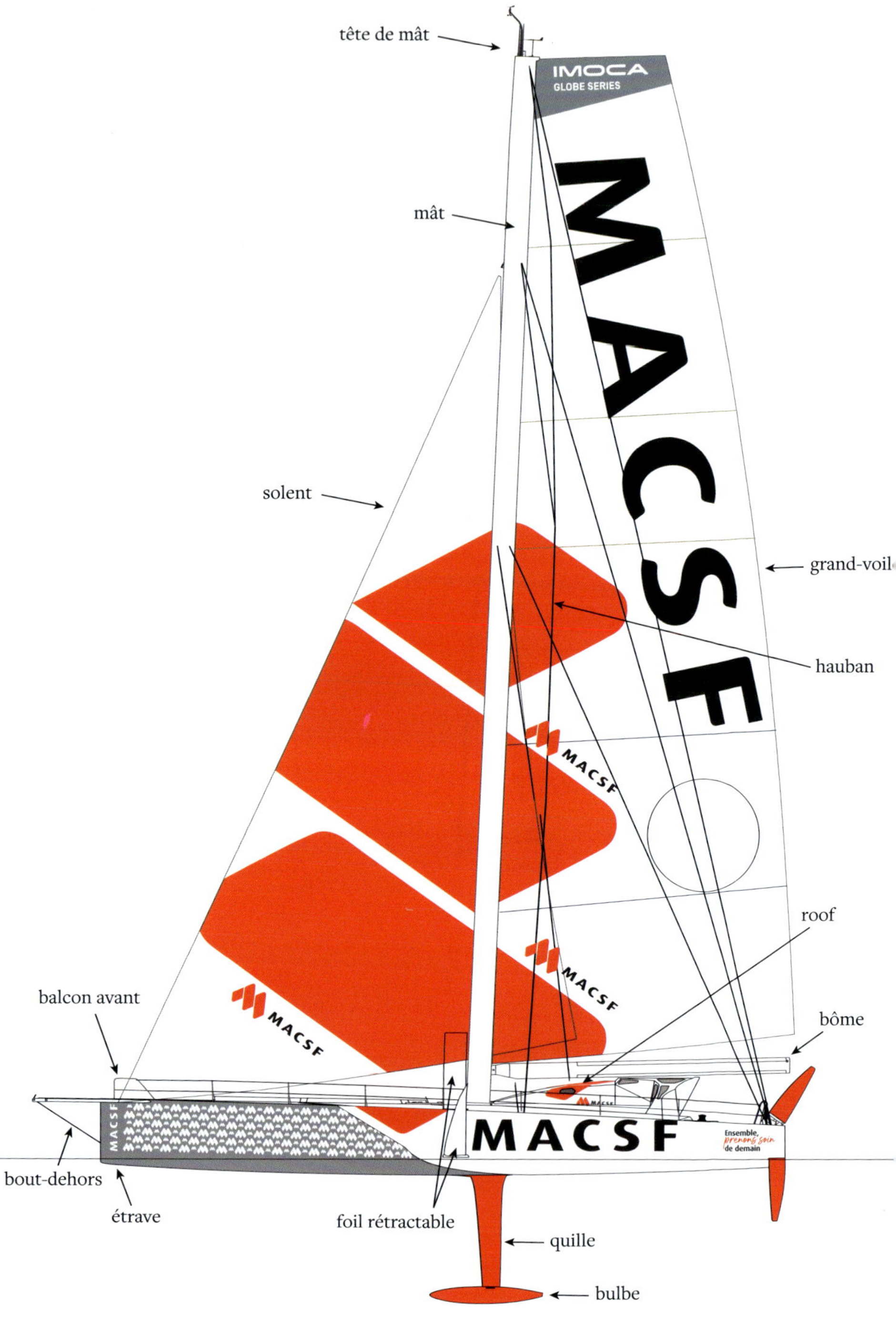
tête de mât
IMOCA
GLOBE SERIES
MACSF
mât
solent
grand-voil
hauban
roof
balcon avant
bôme
MACSF
bout-dehors
étrave
foil rétractable
quille
bulbe

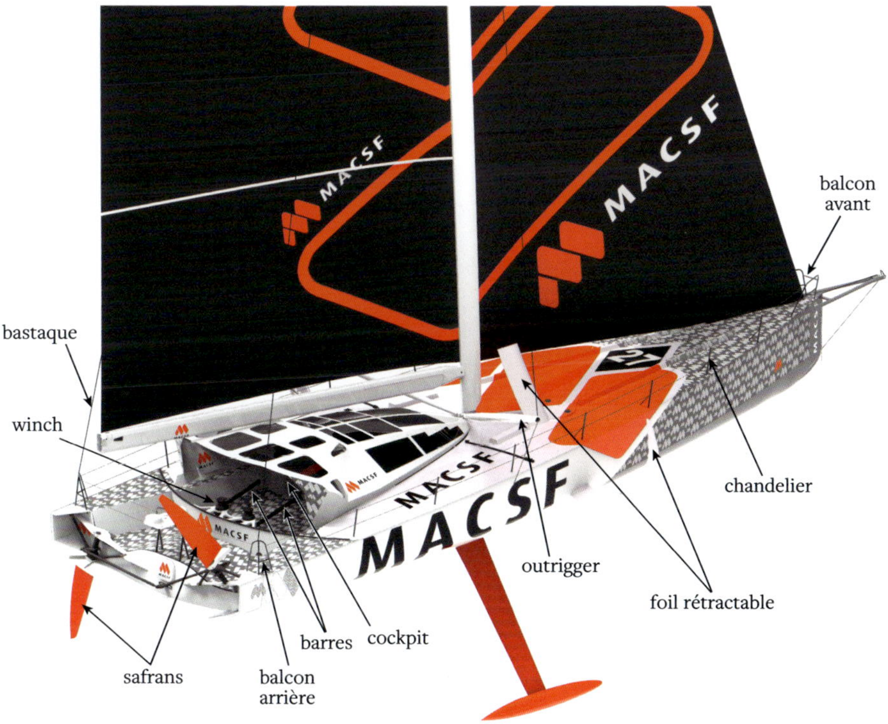

IMOCA MACSF
Longueur : 18,28 m (60 pieds)
Largeur : 5,70 m
1 km de cordages
650 m² de voiles au portant
Tirant d'eau : 4,50 m
Hauteur de mât : 29 m

© designe/Nicolas Gilles

Vendée Globe 2020-2021

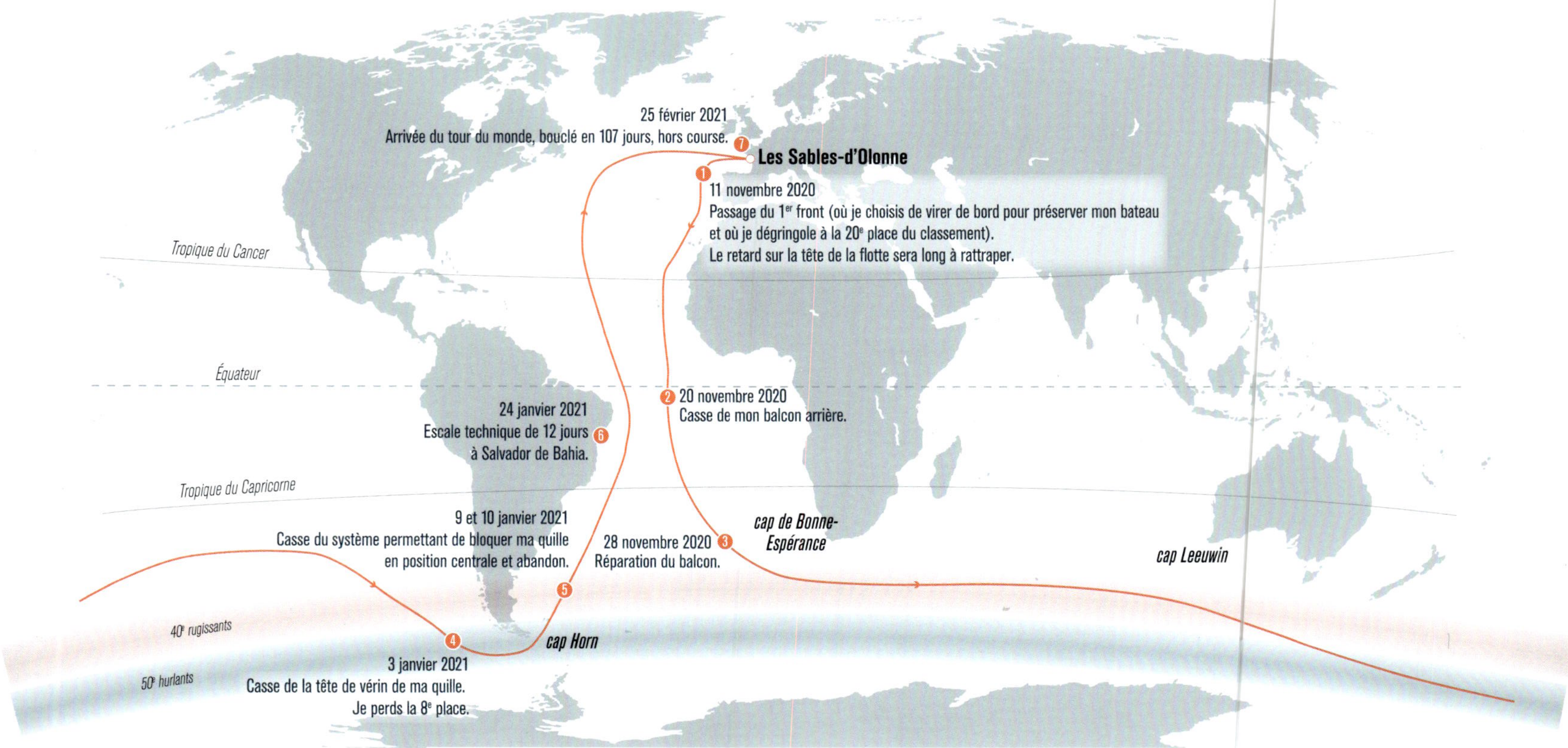

Vendée Globe 2020-2021

Tour du monde en solitaire, sans escale ni assistance, par les 3 caps (Bonne-Espérance, Leeuwin et Horn)
Des Sables-d'Olonne aux Sables-d'Olonne
Tous les 4 ans
Distance théorique : 24 300 milles / 45 000 km ; plus de 28 000 milles / 52 000 km en distance effective.
Isabelle Joschke, 2021 : 107 j, hors course.

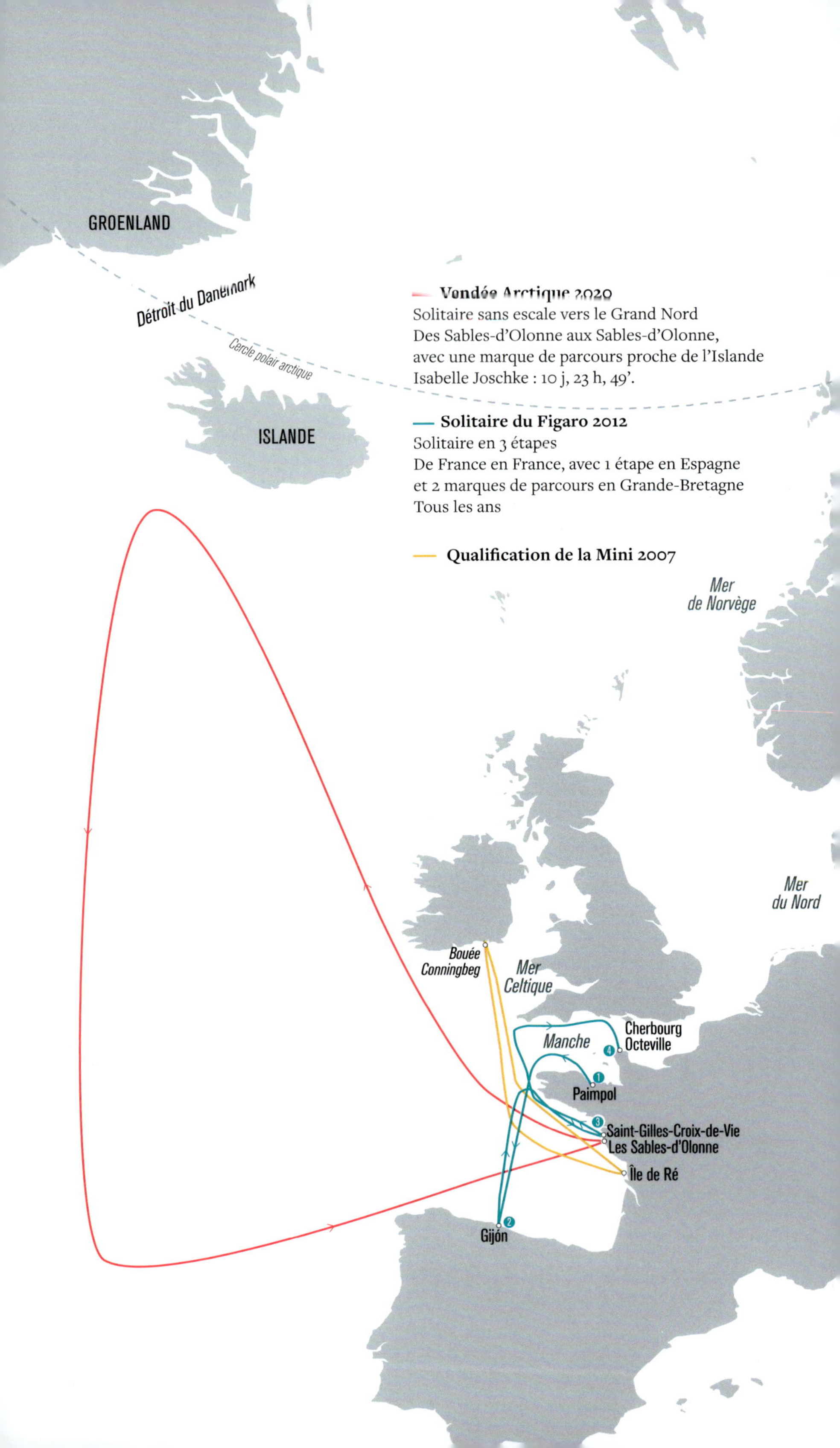
GROENLAND
Détroit du Danemark
Cercle polair arctique
ISLANDE
Vendée Arctique 2020
Solitaire sans escale vers le Grand Nord
Des Sables-d'Olonne aux Sables-d'Olonne,
avec une marque de parcours proche de l'Islande
Isabelle Joschke : 10 j, 23 h, 49'.
Solitaire du Figaro 2012
Solitaire en 3 étapes
De France en France, avec 1 étape en Espagne
et 2 marques de parcours en Grande-Bretagne
Tous les ans
Qualification de la Mini 2007
Mer de Norvège
Mer du Nord
Bouée Conningbeg
Mer Celtique
Manche
Cherbourg Octeville
4
1
Paimpol
3
Saint-Gilles-Croix-de-Vie
Les Sables-d'Olonne
Île de Ré
2
Gijón

— Québec/Saint-Malo
'ransat en équipage
ˢabelle Joschke, Pierre Brasseur et Alain Gautier en Class40, 2016 : 12 j, 10'.

— Transat anglaise
Ɔstar 1964, Transat Bakerly 2016, Transat CIC 2024)
'ransat en solitaire
'lymouth (2016), Lorient (2024) /New York
sabelle Joschke, Class40, 2016 : abandon (voie d'eau).

— Route du Rhum
Transat en solitaire
Saint-Malo/Pointe-à-Pitre
Isabelle Joschke, Imoca, 2022 : 13 j, 2 h, 26'.

— Transat Jacques-Vabre 2021
'ransat en double
.e Havre/Fort-de-France
sabelle Joschke et Fabien Delahaye,
moca, 2023 : 21 j, 11 h, 4'.

— Mini Transat 2007
Transat en solitaire
La Rochelle (2007), Les Sables-d'Olonne (2023)/
Salvador de Bahia (2007), avec une étape à Madère.
Isabelle Joschke, 2007 : 26 j, 23 h, 20'.

Les voiles d'un 60 pieds Imoca

Les voiles d'avant (focs) sont codifiées J1, J2, J3.
J = jib, « génois » en anglais.

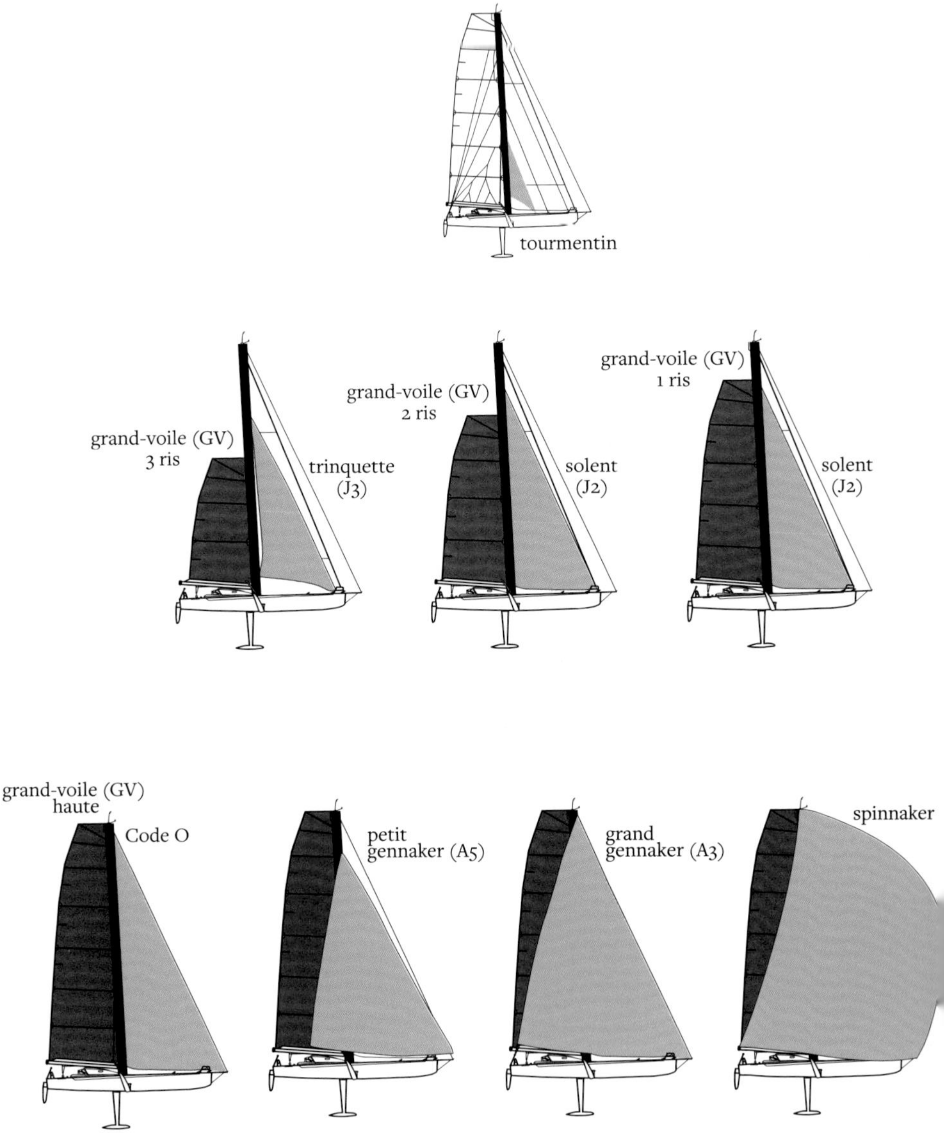

Mon premier voilier, en carton, dans le jardin de ma grand-mère en Autriche.
DR. Collection Isabelle Joschke

Dessin réalisé à l'école maternelle. DR. Collection Isabelle Joschke

À la table à cartes, lorsque j'étais monitrice de croisière pour le centre de voile de la MACIF, en 2002.
DR. Collection Isabelle Joschke

Aux USA, en 2003, arrivée d'un convoyage avec Clay (à droite) à Stonington, dans le Connecticut.
DR. Collection Isabelle Joschke

Septembre 2007, La Rochelle : départ de la Mini Transat à bord du 6.50 construit chez AMCO. Destination Salvador de Bahia (Brésil) avec une étape à Funchal (Madeire). © Thierry Martinez

Isa s'est fait la belle

Pour la 30e édition de la Transat 6.50 Charente-Maritime/Bahia, lancée avec 48 heures de retard à cause d'une mauvaise dépression, Isabelle Joschke a remporté la première étape à Madère en un peu plus de cinq jours – et à plus de 8 nœuds de moyenne !

Isabelle Joschke. Sans faiblir, avec une maîtrise parfaite de son proto Degrémont-Synergie, Isabelle a tenu son rang de favorite en s'adjugeant à Funchal la première étape de la Transat 6,50.

«S'*il termine quatre*
devant moi à Ba
Mini est à lui», ›
Isabelle Joschke,
rieuse de la première ét
Madère. Penchée sur le p
son bateau, pieds nus, pou
fier, arranger, peaufiner en
moindre détail, elle sait bi
seul le temps cumulé sur le
étapes déterminera l'he
vainqueur. Et la jeune Fr
Allemande, vissée en perma
à son mini depuis son arri
s'autorise aucune relâche. P
1 100 milles qui séparai
Rochelle de Funchal, c'est el
s'est approchée le plus de la
directe, négociant au mie
petits coups à faire. Pr
l'avantage dès la première
là où tout s'est joué –, ell
empanner au bon moment
garder le vent sans faire t
route. Elle a ensuite creusé
à bord de son proto Finot-
2006 *Degrémont-Synergie*, p

Article paru dans le magazine *Voiles et Voiliers* en novembre 2007, après mon arrivée en première position à Madère à l'issue de la première étape de la Mini Transat. DR. Collection Isabelle Joschke

À bord de mon Figaro 2 en 2008. Ma première saison dans ce circuit, sous les couleurs de Synergie.
© Thierry Martinez

En compagnie d'Alain Gautier (à gauche sur la photo) et Pierre Brasseur (à droite sur la photo) lors de la transat Québec Saint-Malo en juillet 2016. © Isabelle Joschke

Mise à l'eau de mon Imoca à Lorient sous les couleurs de la MACSF, en août 2019, après un long chantier de transformation, dont l'ajout de foils rétractables. © Ronan Gladu

Passage des écluses à Saint-Malo avant le départ de la Route du Rhum 2018. De gauche à droite: Olivier Monin (à ma droite), Éric Lombard (à ma gauche), Alain Gautier et Françoise Carré-Lombard. DR. Collection Isabelle Joschke

Défi Azimut, septembre 2018. © Ronan Gladu

Départ du Défi Azimut en septembre 2020. © Jean-Marie Liot

En entraînement à Lorient en septembre 2022. © Ronan Gladu

Départ de mon premier Vendée Globe, le 8 novembre 2020. © Thierry Martinez

Vendée Globe 2020-2021: entrée dans les quarantièmes rugissants le 29 novembre 2020, puis passage des trois caps. © Isabelle Joschke

Cap de Bonne Espérance le 2 décembre 2020, cap Leeuwin le 14 décembre 2020 et cap Horn le 5 janvier 2021. © Isabelle Joschke

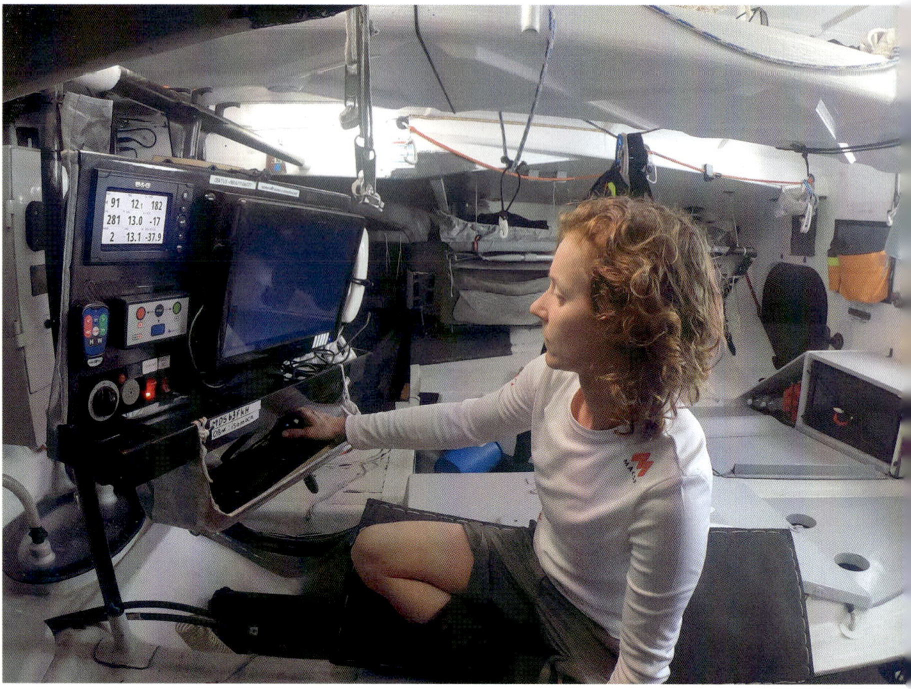

La vie à bord : à la table à cartes, en février 2020, durant un parcours d'entraînement de trois semaines dans l'Atlantique ; après la première douche dans les alizés lors de la descente de l'Atlantique, une semaine après le départ du Vendée Globe, en novembre 2020. © Isabelle Joschke

a vie à bord : la cuisine rudimentaire de mon Imoca, constituée d'un réchaud de camping sur cardans
t d'une arrivée d'eau dessalinisée stockée dans un bidon de 10 litres © Ronan Gladu
alade de thon aux algues durant le Retour à la Base en décembre 2023 © Isabelle Joschke

Travaux solo lors du Vendée Globe: dans le Pacifique Sud, accrochée à mon harnais, je dois me hisser au bout de l'outrigger pour réparer la protection du hauban. Novembre 2020, dans l'Atlantique Sud, réparation du balcon arrière. © Isabelle Joschke

Manœuvre de nuit à la colonne centrale qui permet au skippeur de faire fonctionner ses trois winches et de démultiplier son effort en moulinant debout. © Martin Viezzer

Arrivée du Vendée Globe aux Sables-d'Olonne le 24 février 2021, hors course, mais en ayant bouclé mon tour du monde. © Jean-Marie Liot/Alea

Arrivée de la transat Jacques Vabre 2023, courue avec Pierre Brasseur. © Jean-Louis Carli

Marin des Cimes 2021, au refuge Buffère à Névache dans les Hautes-Alpes. De gauche à droite: Isabelle Joschke, Samantha Davies, Miranda Merron, Clarisse Cremer et Alexia Barrier, cinq des six femmes ayant couru le Vendée Globe 2020-2021. © Marin des cimes

Séance de pilates à Lorient en 2024. © Caroline Le Naour

Avec Martha Rodezno, danseuse qui enseigne l'improvisation dansée avec les outils de la pédagogie perceptive. © Olivier Callec

Arrivée du Retour à la Base 2023, l'une des courses les plus réussies à bord de mon Imoca *MACSF*.
© Anne Beaugé

La défaillance de mes instruments m'avait offert l'inestimable cadeau de naviguer à l'abri de toute pression, de toute attente, et la sérénité nécessaire pour gagner cette étape.

Dans le monde du sport, mais aussi dans l'art et la création, un certain nombre d'expériences de *flow*[2] ont été décrites: une sorte d'état de grâce, en pleine action, durant lequel tout semble aligné et juste. Ses caractéristiques sont l'absence de doute, l'impression d'une grande facilité et d'une grande fluidité. La perception du temps, de l'espace et de soi-même se modifie, au point que l'on s'oublie. L'expérience – pas toujours contrôlée – est particulièrement agréable, car on se sent à la fois connecté à son environnement et mêlé à un flux qui libère de l'effort.

Ce qui est remarquable dans le *flow*, c'est qu'on pense moins et qu'on ressent davantage. L'instinct prend le dessus sur le mental, la connaissance intuitive complète le savoir, et ni les craintes ni l'hésitation ne perturbent l'action. De ces moments d'exception qui ne s'oublient jamais on ne retient pas forcément le contenu ni les détails, mais une légèreté et une intensité qui donnent envie d'y retourner.

En compétition, le détachement apporte souvent le petit «plus» qui permet au potentiel de s'exprimer pleinement. C'est une évidence. À l'abri de la pression, on navigue plus librement. Lorsque je courais en Figaro, cette pression me suivait à la trace et plombait régulièrement mes performances. Souvent, je prenais un départ avec une vision assez claire de la stratégie que je voulais adopter, mais peu de temps après, je changeais mon fusil d'épaule devant les choix différents de mes concurrents. Je cédais au doute et à la peur de me tromper. Combien de fois m'en suis-je voulu de

2. Cf. chapitre «Prendre soin de soi», page 188..

ce manque de sérénité? Ces années-là, souvent, la réussite arrivait en fin de saison, sur les dernières courses, quand l'épreuve principale était passée. Il n'y avait plus d'enjeu et je pouvais enfin éprouver le plaisir de jouer sans craindre d'échouer.

Lors de ma première course en solitaire à bord de mon Imoca, en 2018, un malentendu m'a permis de réaliser à quel point je pouvais devenir performante dès lors que je lâchais la pression. C'était la Dhream Cup, une course qui se courait en solitaire dans notre circuit, mais j'avais compris que Yann Élies partait en double, avec un classement spécifique. De ce fait, dans mon esprit, Yann n'était pas un réel concurrent: il courait en duo et disposait donc d'un potentiel bien supérieur au mien. Il était par ailleurs très expérimenté et naviguait sur un bateau plus performant. Durant les trois jours de course, nos deux bateaux ont navigué très proches l'un de l'autre. Placé derrière moi après les premières heures de course, Yann s'est peu à peu rapproché et menaçait constamment de me doubler. Je trouvais ça normal, puisque moi, je naviguais en solitaire. Et si cela arrivait, je ne craignais pas non plus de perdre une place, étant donné sa catégorie à part. Alors, je ne lui prêtais guère d'attention et surveillais plutôt les autres poursuivants. Au passage du raz Blanchard et dans les derniers milles de la course, Yann s'est rapproché à moins de deux milles. Le suspense qu'on ressent souvent dans les dernières heures avant l'arrivée ne faisait que monter. Néanmoins, je restais calme, détachée de la menace de perdre ma deuxième place.

Après l'arrivée seulement, j'ai appris que Yann était finalement parti seul! Cette fois encore, le hasard m'avait protégée des effets délétères de la pression. Détachée, j'avais réalisé l'exploit de terminer sur la deuxième marche du podium pour ma première course en solitaire dans le circuit Imoca!

Aller vers la réalisation d'un projet contient pour moi un paradoxe dont je fais régulièrement l'expérience. Qu'il s'agisse de sport ou de ma vie personnelle. Pour obtenir le succès de mon entreprise, je dois mettre en place les conditions de sa réussite, mais, dans le même temps, il faut que je me détourne de l'objectif visé. Souvent, le simple fait de garder l'œil rivé vers ma cible m'empêche de l'atteindre.

En 2012, je me suis mise à chercher des sponsors pour l'édition du Vendée Globe qui aurait lieu quatre ans plus tard. Après neuf ans de course au large, le moment me semblait parfait pour changer de circuit, et j'espérais que le fait d'être une femme m'aiderait à trouver un partenaire. Durant plus d'une année, j'ai enchaîné les rendez-vous, contacté des entreprises et activé tous mes réseaux. J'ai dédié à cette recherche mon temps et mon argent, sans succès. Début 2014, épuisée, j'ai abandonné mes démarches et choisi de me consacrer à mon Figaro. Je commençais à apprivoiser ce bateau que je connaissais du bout des doigts et continuais chaque année à progresser. Le plaisir de naviguer dans ce circuit s'installait au fil des compétitions, en même temps que disparaissaient mes rêves de tour du monde, si bien que même l'envie de Vendée Globe s'est évanouie.

À la fin de la saison 2015, j'ai lancé le chantier d'hiver de mon bateau dans l'idée de prendre part, pour la première fois, à la transat Ag2r. Cela faisait quelques années que je n'avais pas traversé l'Atlantique, et le large me manquait. Entièrement tournée vers cet objectif, j'ai cherché un coskippeur avec qui je me sentirais en phase pour cette épreuve de deux ou trois semaines. Je m'en réjouissais. Comme je me retrouvais coincée à terre, la saison étant terminée, mon ami et ancien concurrent Yves le Blevec m'avait invitée à passer une journée d'entraînement à bord de son trimaran géant.

C'était la deuxième fois que je montais sur un voilier de plus de 30 mètres. Pourtant, je me suis sentie à l'aise, malgré la démesure des voiles, des écoutes et des winches. Je me tenais debout sur le trampoline, quand l'idée m'a traversé l'esprit que je me sentais capable de skipper un grand bateau. Une idée saugrenue et irréaliste. N'avais-je pas mis fin à ma recherche de nouveaux sponsors, sans regret ? Cette prise de conscience me permettait toutefois d'apprécier combien j'avais gagné en confiance et en expérience !

Quelques semaines plus tard, je me suis rendue à Paris, comme chaque année au mois de décembre, pour le Salon Nautique. C'est là que, contre toute attente, mon sponsor et ami Éric Lombard m'a proposé d'intégrer le circuit Imoca pour préparer le Vendée Globe 2020. À l'initiative de ce projet : Alain Gautier, qui quittait sa casquette de skippeur et souhaitait prendre la place de manager du team Generali. C'était la dernière chose à laquelle je m'attendais. J'avais tant détourné le regard de cet objectif que je n'ai d'abord pas su quoi répondre. Puis j'ai compris : mon rêve était venu à moi et le moment était arrivé de le réaliser.

Détourner son regard

Quand on parvient à se détacher de ce que l'on vise, à se soustraire à la pression de l'objectif à atteindre, parfois, le cours des événements se modifie sans même que l'on comprenne comment. Cela sous-entend de lâcher le contrôle et d'accepter ce qui arrive. Or, pour moi, ni l'une ni l'autre de ces deux actions n'est facile.

Fin novembre 2020, douze jours après le départ du Vendée Globe, je pointe à la quinzième place, déçue et frustrée d'avoir mal géré le début de ma course. Je ne parviens pas à accepter cette position dans la flotte. Je m'en veux de n'avoir pas mieux négocié le premier coup de vent et d'avoir cédé à ma peur de devoir rebrousser chemin en cas de problème. J'en subis les conséquences, car la situation météo est bien meilleure pour ceux qui sont devant. Je pointe à près de 800 milles du leader. Pour compléter le tableau, les avaries se succèdent et me contraignent à ralentir pour réparer, ce qui ne m'aide pas à relativiser la situation. Chaque jour, je vois la tête de la flotte s'envoler vers le sud, et à chaque incident technique, ma frustration et ma déception augmentent. Et comme si cela ne suffisait pas, je me retrouve contrainte d'effectuer une pénalité de deux heures à cause de la rupture accidentelle du plomb de mon arbre d'hélice, censé rester scellé pour empêcher l'utilisation du moteur. J'ai beau savoir que ni l'exaspération ni la contrariété n'œuvrent en ma faveur, il m'est impossible de me raisonner.

Je viens de traverser l'équateur quand un nouveau problème, par sa gravité, détourne mon attention de la frustration causée par les précédents. Le balcon arrière a été arraché, emporté par une poulie d'écoute de gennaker. Me voilà privée de filières à l'arrière du bateau, privée de la seule protection dont je dispose pour ne pas me faire embarquer par-dessus bord en cas de déséquilibre. Dorénavant, je ne serai plus en sécurité lorsque je quitterai mon cockpit. L'agacement laisse alors place à l'inquiétude de devoir traverser les mers du Sud, connues pour leurs vents forts et leurs immenses vagues, sans rien pour me retenir en cas de chute. Mon équipe à terre cherche la meilleure solution pour que je puisse réparer avec les moyens du bord, mais cela va leur prendre du temps et, de toute façon, je dois attendre une fenêtre météo favorable pour me mettre à l'ouvrage.

Le vent souffle encore trop fort et la mer est trop formée. Chaque jour, je gagne un peu plus vers le sud, quittant le régime d'alizé, contournant l'anticyclone de Sainte-Hélène et m'approchant doucement des quarantièmes rugissants. Quand le vent finit par se calmer, je dispose de deux jours pour réparer en suivant les conseils précis et méthodiques communiqués par Florian et Julien, spécialistes du composite.

Il faut faire vite, car en pleine course, chacune des étapes imposées demande du temps et de l'énergie. Chercher le matériel et l'outillage dans les sacs amarrés au fond contre la coque, protéger les écoutes de la poussière de carbone, caler l'allure du bateau pour qu'il ne gigote pas trop dans les vagues, enfiler les vêtements et les lunettes de protection, tout s'avère beaucoup plus long qu'au chantier.

La première journée est dédiée à la réparation du balcon, dont deux pieds sont cassés. Je cherche en vain par quoi les remplacer, jusqu'à ce que les garçons trouvent la solution : couper la jambe de force de mon siège de veille pour en faire un manchon de réparation. Par chance, elle est juste assez fine pour pouvoir se glisser à l'intérieur des tubes estropiés.

La deuxième partie des travaux, plus délicate encore, est décisive, car il s'agit de fixer le balcon sur le pont, à l'arrière du bateau. Bien que le vent se soit levé, il faut éviter les éclaboussures qui empêcheraient le composite d'adhérer, aussi bien sur le titane que sur le carbone. Il est nécessaire de poncer, dessaler et dégraisser soigneusement les surfaces pour que la colle accroche bien. Avec la chaleur, la résine, de son côté, menace de durcir trop vite. Malgré la mer qui se creuse, tout doit être fait rapidement et avec minutie, car il n'y aura pas de deuxième chance.

Ces tâches m'accaparent deux jours et une nuit durant lesquels je mange à peine et ne dors pas. Entièrement concentrée sur ma mission, je ne me préoccupe plus de la position de mes concurrents et ne surveille les prévisions que pour mieux organiser mes réparations. Tout ce qui compte est de les achever avant le retour du gros temps. Indifférente à ce qui se passe au sein de la flotte, je ne vois pas se dessiner la situation stratégique pour laquelle, quelques semaines plus tôt, j'aurais tout donné.

Or, la chance a tourné en ma faveur. À l'entrée dans les quarantièmes, lorsque je m'en rends compte, j'ai deux raisons de jubiler. D'une part, je peux à nouveau circuler en sécurité sur le pont de mon voilier tandis que les trains de dépression se succéderont, durant de longues semaines, jusqu'au cap Horn. D'autre part, et je peine à y croire, je suis revenue dans le match ! Me voilà sur le point de rattraper Samantha Davies qui pointe à la douzième place. Pour moi, le Vendée Globe démarre à ce moment-là.

Avoir peur

Le 8 novembre 2020, en plein reconfinement anti-Covid, les rues des Sables-d'Olonne, comme celles de toute la France, sont quasiment vides. Le départ du Vendée Globe va être donné à huis clos et il sera interdit de venir encourager les navigateurs le long du chenal de sortie. Les berges, habituellement noires de monde, seront vides. Les acclamations et les encouragements, la joie et l'émotion ne couvriront pas le silence des jours «normaux» et les cris des goélands. La liesse qui donne sa saveur, tous les quatre ans, au grand départ des marins, n'animera pas le port vendéen. Sans l'euphorie du Vendée Globe, la ville sera méconnaissable.

Le jour du départ, le village de tentes dressées pour l'événement est désert, seuls les agents de sécurité, les équipes et les bénévoles accrédités y circulent. Ce silence, cette absence sont troublants. Pour rejoindre leurs bateaux, les skippeurs descendent sur le ponton, chacun dans un état d'âme particulier, mais tous reliés au plus profond d'eux-mêmes. Leurs équipes et leurs proches, eux aussi, sont silencieux, concentrés. Ce matin-là, chaque mot, chaque geste est empreint de l'importance du moment. Chaque silhouette visible sur les voiliers, sur les quais ou dans les rues, porte en elle une trace des derniers au revoir et des amarres larguées pour longtemps.

J'ai profité des mesures de restriction pour me préparer au Vendée Globe dans le calme et la douceur. Au fond, j'ai préféré que cela se passe ainsi, préféré me glisser lentement dans la solitude et me mettre en condition pour ce rendez-vous particulier avec les océans, avec mon bateau et, surtout, avec moi-même. J'ai pu aller et venir sur le village et les pontons sans avoir à me frayer un passage dans la foule, à m'agacer de la cohue et à me cacher des regards. Je n'ai pas eu à porter mon attention sur plusieurs conversations simultanées, à échanger avec les membres de mon équipe qui m'accompagneront jusqu'à la ligne de départ et me soutiendront durant chaque instant de la course, tout en répondant en même temps aux sollicitations venues des pontons. J'ai échappé aux questions, aux demandes, nombreuses et pressantes, d'autographes et de selfies. Oui, cela me coûte de faire comme si je n'entendais pas que l'on m'appelle. Je préfère encore la solitude des pontons désertés.

Pour me soutenir dans ma préparation, Philippe, fasciathérapeute, m'aide à libérer le stress qui s'engramme dans mon corps. Chaque jour, en effet, je réalise un peu plus ce qui m'attend, ce que je redoute et que je connais trop bien: les tempêtes à traverser avant de rejoindre les premiers alizés, les chocs répétés de la coque contre les vagues, l'inconfort de la vie à bord, les innombrables avaries... Et, surtout, ce que je ne connais pas encore, mais dont j'ai tant entendu parler à travers les récits des grands marins: la houle des mers du Sud, entre les quarantièmes rugissants et les cinquantièmes hurlants, les longues semaines à endurer le froid, les tempêtes du cap Horn. La mer qui m'attend là-bas, les vagues qui déferlent en masquant l'horizon, le bleu mêlé au gris survolé d'albatros...

À quoi tout cela peut bien ressembler, je me le demande chaque jour davantage. Dans le silence de la méditation ou entre les mains de Philippe, je me dépose et me relaxe autant que possible. Intérieurement, la tension monte, difficile à accueillir dans le tourbillon tamisé par le confinement, mais tout de même très présent, des interviews et des derniers préparatifs. Ma concentration est maximale et je me protège de tout ce qui peut la perturber. Or, j'ai conscience, depuis que je connais l'importance des fascias et que je m'intéresse à l'intelligence du corps, que la moindre émotion ignorée s'installe durablement dans mes muscles, mes os et dans tous mes tissus. Elle entraîne alors des raideurs et fixités qui consomment mon énergie et épuisent ma vitalité. C'est un fait, partir en pleine forme pour une compétition de cette ampleur est un défi.

Deux ans plus tôt, sur les pontons de Saint-Malo et sous les tentes du village de course de la Route du Rhum, j'avais pu mesurer combien cette approche m'avait soutenue. Cette année-là, j'avais beaucoup navigué et cela m'avait fatiguée. Philippe était venu, comme à chaque départ de course, m'aider à libérer les émotions dues à la pression médiatique qui me fragilisait, et à diluer les séquelles de ma saison chargée. Chaque matin, nous démarrions la journée avec une méditation silencieuse à bord du bateau, avant l'arrivée des visiteurs et des intervenants. Puis il m'accompagnait en thérapie manuelle ou avec le mouvement sensoriel. Au bout de quelques jours, je m'étais sentie étonnamment bien, présente et détendue, et cela se voyait. Plusieurs personnes, parmi mes proches comme parmi des connaissances plus lointaines, me l'avaient fait remarquer. Après cette expérience, Philippe et moi nous étions promis de la renouveler au départ du Vendée Globe.

Mais c'était sans compter sur la spécificité de cette course-là et sur les épreuves traversées entre-temps. Au nom de la résilience, j'avais sans doute trop vite oublié l'incompréhension et la déception qu'elles avaient suscitées en moi.

Ce dimanche 8 novembre 2020 aux Sables-d'Olonne, malgré le confinement et le repos que celui-ci m'a permis de goûter lors des dernières semaines, l'émotion monte. Voilà quelques jours déjà que je scrute l'horizon, loin vers le sud-ouest en me demandant ce qui s'y cache. Depuis le réveil, je sens des vagues de chaleur monter et refluer en moi, un mélange de fragilité et de détermination. Ce moment est à la fois un début et un aboutissement. Une fois les amarres larguées, je suis en proie à des sentiments contradictoires : je pars réaliser mon rêve d'enfant, mais j'ai peur de ce qui m'attend.

À quoi ressemble une nuit noire de houle au cœur de l'océan Indien ? Comment est-ce, le flot glacé qui coule sur le pont, ruisselle le long des écoutes et vous fige les doigts dès qu'on les empoigne ? Qu'est-ce que ça fait, une tempête qui surgit du continent africain, une grand-voile qui se déchire dans les cinquantièmes hurlants, une collision avec un container dans un surf endiablé, un foil arraché, la quille emprisonnée dans un filet ? Que se passe-t-il si le mât s'effondre et me blesse alors que je me trouve à l'endroit le plus éloigné de toute vie humaine ?

Alors, quand le départ est donné, en dépit du vent calme, mes fantômes remontent à la surface. Des souvenirs de mes trop nombreux abandons et des dernières avaries ressurgissent : le mât et les voiles de mon bateau emportés dans le fond de l'océan, au milieu de la nuit sur la Route du Rhum ; ma quille percutant un rocher au départ de la Transat Jacques Vabre en 2019 ; la rupture subite de ma bôme lors de ma dernière course... Pour l'instant, les conditions sont tranquilles, mais les prévisions me laissent peu d'espoir de quitter sereinement les côtes européennes. La météo prévoit du gros temps, assorti d'un front froid violent et délicat à traverser. Les fichiers annoncent un vent de sud-ouest et des rafales à plus de 50 nœuds, au près. Durant les premières quarante-huit heures, je suis tiraillée entre mon esprit de compétition et la peur d'une avarie sanctionnée par un retour aux Sables-d'Olonne. Partagée entre le souci de conserver l'intégrité de mon voilier et celui de la meilleure trajectoire possible, je cherche à me positionner sur la latitude la plus favorable. J'espère échapper au vent le plus fort tout en évitant de perdre trop de terrain sur la flotte. Durant ces deux premiers jours de ma course, je prends la mesure de l'aventure dans laquelle je m'élance.

À chaque fois que je me réveille d'une sieste, il me faut quelques secondes pour émerger et comprendre où je suis. Alors seulement, et comme si je le réalisais pour la première fois, je me rappelle que je suis à bord de mon Imoca, engagée dans le Vendée Globe. À chaque réveil, durant ces premiers jours de course, je sens, le ventre noué, combien je redoute ce qui m'attend. Dois-je traverser la tempête au plus fort et privilégier mon positionnement dans la flotte, au risque de déchirer une voile? Dois-je au contraire changer de trajectoire pour préserver mon matériel?

L'hésitation est le pire ennemi de la compétition. Sous l'emprise de ma crainte et devant la versatilité des fichiers météo, impuissante, je fais le plus mauvais choix: pour préserver mon bateau, je vire de bord à l'endroit le moins favorable. Une fois le coup de vent passé, je m'en veux non pas d'avoir opté pour la prudence, mais de ne pas l'avoir choisie plus tôt. Ainsi, j'aurais perdu moins de terrain. Cédant à mes appréhensions tout en refusant de les reconnaître, je suis tombée dans leur piège. On dit souvent qu'être libre consiste à écouter ses peurs sans leur obéir. Pour ma part, j'ai fait l'inverse.

Lorsque je le réalise, je sens monter la colère contre moi-même, contre ce front capricieux, et contre ce qui m'empêche d'avoir confiance dans mon bateau. Je sens et je sais depuis longtemps que la peur est le frein principal à toute forme de réussite. En être l'esclave ou l'ennemi me prive de puissance et de liberté. La nier n'est pas plus pertinent que de lui abandonner mon pouvoir. La seule issue possible, c'est de la reconnaître et de traverser mes ressentis pour ne pas m'y enfermer. En cette époque de pandémie où le monde entier est manipulé et figé par la peur, je me vois tomber à mon tour et à ma manière dans le panneau.

Que ce soit pour ma préparation sportive ou dans ma vie personnelle, cette question a pourtant été abordée plusieurs fois. J'ai d'ailleurs pu mesurer au fil des ans le chemin parcouru. Je me souviens, en 2015, d'une nuit noire, sans lune, à longer la côte méditerranéenne sur mon Figaro, dans un puissant mistral. Sous spinnaker, accrochée à la barre, dans l'obscurité totale, le bateau surfait les vagues et moi je cherchais à le faire avancer le plus vite possible sans enfourner ni le coucher. Cette nuit-là, grâce au travail effectué en EMDR, je n'ai pas ressenti le stress qui, depuis des années, m'étreignait dans pareilles circonstances, me faisant redouter le moindre écart de barre et le risque de déchirer mes voiles. Au contraire, j'ai eu la perception très fine que quelque chose avait lâché. Je me sentais légère et joyeuse. Naviguer sous spi dans le vent fort ne m'effrayait plus!

Cette sensation de liberté s'est manifestée à différentes reprises par la suite. Quelques mois après cette course en Méditerranée, j'ai quitté le circuit Figaro pour courir en Class40. Lors de la Transat anglaise, par exemple, le parcours dans l'Atlantique nord m'a imposé, peu de temps après le départ, de contourner une violente dépression au vent arrière. Je naviguais sous spinnaker et plus j'approchais de son centre, plus le vent montait. J'allais devoir affaler le spi avant qu'une rafale ne le déchire, mais chaque mille parcouru à cette vitesse me rapprochait des deux concurrents qui me précédaient. Étonnamment, je suis restée sereine, et le plaisir de voir le bateau surfer et dévaler les vagues a remplacé l'appréhension si souvent ressentie. L'expérience se confirmait: j'étais débarrassée de la peur qui m'avait longtemps collé à la peau.

À l'automne 2020, au moment du grand saut, je suis donc confiante dans ma résilience et dans le cheminement intérieur qui m'a déjà beaucoup apporté. Je n'imagine pas que les entraves supposées dépassées vont me revenir comme un boomerang. Je ne m'attends pas à céder de nouveau à mes frayeurs dès le début de la course, ni à devoir lutter contre elles dans les mers du Sud. Pourtant les peurs se succéderont: peur de naufrager dans une peur de naufrager dans une accélération incontrôlée, comme l'un de mes concurrents; peur de tomber en panne de batteries; peur de perdre ma quille; peur de chavirer... Chacune me coûtera la précieuse énergie dont j'ai précisément besoin, à l'endroit le plus dangereux de la course.

Ainsi, au départ du Vendée Globe, je ne sais pas que ce tour du monde me démontrera à quel point aucun chemin n'a de fin. On avance et on recule tout aussi aisément, et chaque fois qu'une porte s'ouvre, derrière, de nombreuses autres restent fermées.

Négocier avec le stress

L'idée de repartir sur le Vendée Globe et d'aller me perdre encore une fois dans la rudesse des mers du Sud m'effraie et m'attire tout autant. Le même phénomène se reproduit depuis que je suis enfant: la fascination le dispute à l'appréhension. À l'époque, dans le désir de m'aventurer seule au milieu du lac, il y avait un mélange de curiosité, d'inquiétude et d'envie suscitées par ce qui se passait là où je n'étais pas. Adolescente, il m'arrivait de chavirer en dériveur. Avant de redresser le bateau, je ne résistais pas à la tentation de garder la tête sous l'eau quelques secondes pour admirer l'étrange spectacle de mes voiles qui pendaient, immobiles dans l'obscurité. Elles semblaient couler lentement vers le fond et, durant un court instant, je croyais que c'était vrai. Une fois cette frayeur passée, je m'empressais de retourner ma coque et de remonter à bord. J'aimais bien associer le frisson à la joie.

Plus tard, quand j'ai commencé la course en solitaire, le contraste entre ces émotions si différentes m'a fascinée. Je recherchais, tout en la redoutant, l'appréhension qui monte à l'arrivée d'une tempête ou la veille d'un départ. Puisque je ne pouvais plus reculer, je m'adaptais, me concentrais. Plus rien d'autre ne comptait. D'une certaine manière, je jouais avec mes sentiments comme les enfants s'amusent à s'effrayer entre eux.

Dans mes premières années de compétition, je supportais le stress, car il me motivait. Je ne voyais pas qu'il se cachait partout: dans l'incertitude financière constante, du fait de la courte durée des contrats; dans l'exigence sportive, omniprésente; dans les risques de collision et de chute à la mer… Et comme je ne le percevais pas, je ne m'en suis pas méfiée.

Les stratégies qu'on m'a proposées pour gérer le stress n'étaient guère adaptées. Au contraire, elles en ont augmenté le poids. Alors qu'il avait été stimulant, il est peu à peu devenu paralysant. Petite, j'avais baigné dans une ambiance où la pression était latente et omniprésente. Cela m'avait rendue plus réactive au stress et moins résistante que d'autres. Au fil du temps, ces fragilités se sont dévoilées et je n'ai plus su les réguler.

Le remplacement des dérives par des foils, en 2019, a renforcé cette tendance. Il faut dire que plus le temps a passé, plus la vitesse de nos bateaux a augmenté et plus la tension a grandi.

En 2004, un Imoca atteignait régulièrement les 27 nœuds. Vingt ans plus tard, il franchit souvent les 35 nœuds ! En 2017, je m'étais adaptée sans mal à mon nouveau bateau : c'était un voilier comme les autres, juste un peu plus grand et plus rapide. J'étais montée trois fois sur le podium, ce qui m'avait fait gagner en confiance. Mais avec l'évolution de 2019, mon MACSF est devenu plus nerveux, plus rapide et moins prévisible. J'ai dû l'apprivoiser à nouveau, avec l'impression de repartir à zéro, seulement un an avant le Vendée Globe. Dès lors, j'ai été plus tendue et me suis sentie malmenée, comme si un équilibre avait été rompu.

La réalité, c'est que j'étais devenue moins tolérante au stress. Je ne voulais pas l'admettre, mais je n'étais plus vraiment faite pour ce genre de navigation. Me lancer dans les mers les plus hostiles était déjà un défi, mais les traverser à bord d'un voilier aussi rapide en était un plus grand encore.

Je m'en suis rendu compte après le Vendée Globe. On m'a souvent demandé ce qui avait été le plus difficile durant mon tour du monde. Le froid, l'effort, la déception de l'abandon ? En fait, ce qui m'avait le plus coûté, c'étaient tous ces tracas apparemment anodins dont la répétition a épuisé mes ressources.

Oscar, la caméra perchée en haut du mât pour détecter d'éventuels OFNIS[1], a été une source de ces petits ennuis usants. Aujourd'hui comme à l'époque, ce système, installé à bord pour ma sécurité, continue de me jouer des tours. Quand il se met à sonner, mon corps réagit sur-le-champ : aussitôt debout dans le cockpit, le ciré encore entrouvert, avec ou sans mes bottes, je me précipite sur bâbord puis sur tribord pour scruter l'horizon.

Il s'agit le plus souvent d'une fausse alerte. Hormis les vagues qui déferlent, il n'y a rien autour de moi, ni devant ni derrière ; juste un remous qui a créé la confusion. Le temps de me calmer et de redescendre dans ma bannette, Oscar se déclenche une nouvelle fois, et plus les vagues sont grosses, plus il sonne. Si je veux pouvoir enfin me reposer, je finis par l'éteindre, mais parfois c'est un autre appareil, l'AIS, qui se met à hurler pour annoncer un risque de collision avec un navire proche. Quand ce n'est pas le capteur de charge sur les haubans qui se manifeste pour m'indiquer qu'il y a trop de contrainte dans les câbles et que je dois vite manœuvrer sous peine de démâter ! Naviguer, c'est être ballotté par les vagues, mais c'est aussi être ballotté nerveusement.

Les variations du vent font partie de ces petits riens qui rendent la vie difficile. Quand il monte brutalement, il est souvent trop tard pour réduire la voilure et il faut vite relâcher les écoutes. Grimper dans le cockpit avec quelques secondes de retard m'a déjà coûté cher. Il y a toujours eu et il y aura toujours des rafales et des grains dans toutes les mers du monde. Durant le Vendée Globe, comme je ne voulais pas quitter la tête de la flotte,

1. Objets flottants non identifiés.

je me suis forcée à porter loin ma voilure. Porter le gennaker avec beaucoup de vent dans l'océan Indien en décembre 2020, c'était s'exposer au danger du grain. L'été tardait à s'installer, le ciel était criblé de nuages noirs, la météo moins prévisible que jamais et les sautes de vent plus agressives. Plus d'une fois le vent a fait basculer mon bateau et plus d'une fois j'ai déchiré mes voiles.

Une succession d'avaries a ponctué mon tour du monde depuis son premier jour. À plusieurs reprises, j'ai dû affaler entièrement la grand-voile et réparer le solent. Pour aller protéger les haubans, il m'a fallu grimper dans le gréement, suspendue au-dessus de la mer, assurée par mon harnais. J'ai dû disquer, poncer et meuler pour reconstituer un balcon et le fixer solidement. J'ai remonté à bord une voile subitement décrochée de son mât, changé et réparé des cordages, soudé des fils et des prises électriques, évacué des dizaines de litres d'eau du fond de mes cales…

Le plus dur à vivre, c'est l'imprévisibilité de ces aléas. Alors que j'avais tenu bon dans le gros temps, que je m'étais accrochée pour avancer au mieux en attendant l'accalmie et que je commençais à me réjouir à la perspective d'une bonne tranche de repos, j'ai vu mes deux enrouleurs de gennaker se décrocher successivement ! Le cordage qui maintenait le premier s'était coupé, et ma voile s'est retrouvée flottant à quelques mètres de la coque. Pour la raccrocher à l'étrave, j'ai été obligée de monter sur le bout-dehors afin d'y passer un bout provisoire. En guise de sieste, j'ai eu droit à un numéro d'équilibriste, puis j'ai été contrainte de bricoler un système pour enrouler mes 300 mètres carrés de toile et réparer l'amure cassée.

L'ironie du sort, c'est qu'après avoir installé cette même voile sur mon deuxième enrouleur, le temps de terminer mes réparations et de m'octroyer le repos tant attendu, la même avarie s'est produite sur le deuxième système ! Comment deux pannes similaires mais totalement indépendantes l'une de l'autre peuvent-elles survenir le même jour d'une course qui en compte près de cent? Je ne l'ai jamais su...

Puis est survenu le naufrage d'un de mes concurrents. Son bateau a coulé en moins d'une heure. Je n'étais pas directement concernée, mais *PRB* était le sistership de mon MACSF. Les bateaux étant très similaires, ils pouvaient présenter les mêmes points de faiblesse. D'autant que le naufrage n'avait d'autre cause, apparemment, qu'un violent coup de frein dans une vague! Et ça, ça m'arrivait régulièrement... Après cet épisode, j'ai carrément dû négocier avec mes peurs.

Tous ces événements pourraient passer inaperçus, car ils font partie de la vie du marin. Un skippeur doit être capable de gérer les aléas tout en menant sa monture à son plein potentiel. Mais mon expérience m'a montré que la répétition de petits chocs électriques pouvait être plus néfaste qu'un électrochoc. Les moments les plus périlleux, ceux où j'ai dû me tenir prête à enfiler ma combinaison de survie et à larguer mon radeau de sauvetage, je les ai mieux encaissés.

En 2016, par exemple, dans la Transat anglaise, j'ai déclaré forfait car mon voilier prenait l'eau. La coque était fissurée sur bâbord et, pour qu'elle reste à flot, je devais la faire gîter de l'autre côté, si bien que je n'étais pas maîtresse de ma route. Il fallait garder le vent à bâbord, ou plutôt naviguer bâbord amure. Il m'était donc impossible de contourner la zone dite «des glaces» où des icebergs étaient répertoriés et vers laquelle je me dirigeais. Manque de chance, c'était le soir. Je n'avais d'autre choix que de passer la nuit à faire cap vers le danger en risquant d'entrer en collision avec un iceberg ou un *growler*, impossible à détecter car mon radar ne fonctionnait pas. Tout ça en pleine tempête, dans une mer chaotique et des vagues de plus de 4 mètres. Je savais que s'il m'arrivait un pépin, aucun cargo ne passait dans cette partie de l'Atlantique où les risques sont trop importants. Le danger était réel, pourtant, malgré mon inquiétude, j'ai méthodiquement préparé le matériel nécessaire en cas de naufrage. J'ai sorti le bidon et la combinaison de survie, la balise de détresse, une réserve d'eau, de la nourriture et le téléphone satellitaire. Et puis, je suis allée me reposer, en supposant qu'en cas de gros problème, j'aurais surtout besoin d'énergie. Paradoxalement, j'ai dormi jusqu'au lever du jour, alors que là où j'étais, proche des bancs de Terre-Neuve, je n'aurais pas résisté longtemps au froid dans un bateau immergé ou dans un radeau de survie.

Je n'ai pas non plus perdu mon sang-froid, durant le Vendée Globe, lorsque le système de tenue latérale de ma quille s'est cassé en pleine tempête et qu'elle s'est mise à basculer de part et d'autre sous l'effet de la houle. À nouveau, j'ai tout rassemblé, relu les check-lists d'urgence et imaginé les différents scénarios possibles. Et j'ai attendu, prête à agir. Cette fois-ci, je n'ai pas dormi, car il fallait pouvoir sauter sur la barre en cas de gîte, mais dans cette situation comme dans la précédente, il m'a semblé être restée plus sereine qu'à d'autres reprises.

On sait que ces paradoxes n'en sont pas vraiment, car l'être humain est « programmé » pour faire face aux urgences vitales. Sous l'effet de l'adrénaline, du cortisol et de toute la chimie de son organisme, il est capable de décider, de réagir et de courir vite lorsque c'est nécessaire. L'intelligence de notre système nerveux peut nous sauver la vie, mais la gestion de la chronicité du stress n'est pas intégrée dans son programme. C'est pourquoi on ne s'endurcit pas en s'habituant au stress. Au contraire, on y est plus sensible au fil du temps. D'autre part, aussi sophistiqué que soit notre système nerveux, il a ses fragilités qui expliquent bon nombre d'incohérences dans le comportement humain. Dérégulé, il nous joue bien des tours qui peuvent être longs à identifier.

Il est des événements que je n'ai pas compris, longtemps. Je veux parler de ressentis me laissant croire que différentes situations n'en étaient qu'une, qui se répétait et se déclinait d'une course à l'autre...

Chaque fois, c'est comme un flash. L'ai-je vécu ou l'ai-je rêvé, je ne sais plus. Il peut y avoir quelques heures ou quelques jours que j'ai largué les amarres; cela peut se produire en course ou en entraînement... Peu importe que je sois seule à bord ou en équipage. Que cela se passe près des côtes, là où plane le danger de heurter un rocher ou de s'échouer, que ce soit sur la route des cargos, ou encore sur un banc de pêche, lorsque le risque de collision menace, n'importe pas davantage. Cela peut tout aussi bien arriver au large, loin des côtes et du trafic... En tout cas, le phénomène se produit sous l'effet de la vitesse. Le voilier glisse et saute d'une vague à l'autre, accélère lentement, puis il ralentit brusquement, comme un coup de frein sur l'autoroute. À bord, je suis en phase d'acclimatation. Mon corps et mon psychisme tentent de s'adapter à cette cadence pour laquelle je me sens si peu armée. À l'intérieur du bateau, le bruit se fait plus intense et le gémissement du foil devient sourd et perçant. Le tumulte, dans ma coque en carbone, couvre celui de l'eau et du vent qui siffle dans mes haubans. Le terrible vacarme est celui d'une machine et tonne plus fort que les éléments. Mon monocoque ne glisse plus vraiment sur les vagues; à ces vitesses-là, il les écorche et les transperce.

Est-ce l'effet du mouvement qui m'entraîne avec lui ou la fragilité de mes tympans mis à mal, je l'ignore, mais quelque chose se durcit en moi. Sous ma peau, tout se resserre comme pour se préparer à je ne sais pas quoi. Mon corps me parle, mais je n'y prête pas attention, je passe outre, habituée que je suis à ces cadences insensées...

Jusqu'à ce que le phénomène se produise et que surgisse une image: un mur devant mon étrave. Qui disparaît aussitôt. D'où me vient cette vision? En un instant, pétrifiée, l'estomac contracté, je suis parcourue de frissons. Pourtant, extérieurement, il n'y a aucune raison de s'inquiéter.

Parfois, le «flash» se manifeste différemment. Cela peut être, par exemple, une sensation soudaine qui remonte le long de mes os comme une onde, avant de me quitter, muette et figée.

Quel est ce sursaut survenu – lui aussi – comme la réminiscence d'une autre vie?

Cela a commencé bien avant les foils, sans doute déjà lors de mes toutes premières courses, mais le phénomène s'est intensifié en 2020. Mon bateau avait gagné en vitesse, ce qui augmentait le risque d'accident. J'étais sans cesse sur le qui-vive et le «mur» surgissait dès lors que les conditions se corsaient, que le bateau s'emballait et cognait dans la mer. Certes, pendant des années, j'ai ignoré la portée de ces images glaçantes qui écornaient ma confiance. Me sachant très vulnérable au stress, je me suis contentée d'y voir l'une de ses manifestations. Je ne me suis pas intéressée à l'aspect familier de ces souvenirs sortis des profondeurs. Car il s'agissait bien de traces, enfouies dans mon esprit et dans ma chair, à la fois floues et d'une grande précision, qui émergeaient quand bon leur semblait. Puis en m'y penchant avec attention, peu à peu j'ai reconnu les situations non digérées et les épreuves qui m'avaient traumatisée. Mon corps les avait absorbées et j'avais cherché à les oublier. Mes difficultés, je préférais les avoir derrière moi plutôt que devant.

Ce choc remontant depuis mes pieds, ce craquement strident à m'en déchirer les tympans étaient-ils des mirages? Le souvenir d'un talonnage? Lorsque ma quille avait touché la roche dans la Transat Jacques Vabre? Ou lorsque le voilier que je menais, toute jeune skippeur, avait heurté une île de plein fouet? Ou s'agissait-il d'un autre souvenir? Celui d'un mât qui tombe ou d'une coque fissurée menaçant de me faire couler?

Tous ces vécus, que je pensais avoir dépassés, étaient restés en suspens, intemporels et flous, et ils avaient laissé leur empreinte en un lieu de moi inconnu. Ils se cumulaient et s'amplifiaient. Les éviter, y résister était un réflexe plus qu'une stratégie. J'avais appris à regarder ailleurs, à me relever, rebondir, repartir. Il m'a longtemps semblé qu'exprimer mes déceptions m'enfermerait en elles. Je croyais que la résilience consistait à tourner la page au plus vite et que moins je sentirais la douleur, mieux je me porterais. Depuis quand avais-je appris à me couper de moi ? Sans doute depuis toujours. Mais c'est aussi ce que mon entourage m'avait transmis.

Faute de m'être attardée sur les incidents traumatisants, je les ai gardés tout proches, sans me rendre compte de leur pouvoir. J'ai rarement fait le lien entre le passé et le présent. Plus l'épreuve avait été intense et plus je l'avais atténuée, moins elle était visible. J'avais anesthésié mes souvenirs.

Après l'EMDR, c'est l'eïnothérapie qui m'en a libérée de manière fulgurante. Le plus long a été de comprendre à quel point j'étais polluée par des événements parfois lointains. Mais une seule séance avec Bernard Sensfelder[2] m'a suffi pour découvrir le plaisir de la vitesse sans la crainte de l'accident !

Elle a eu lieu à l'automne 2023, peu avant le départ de la Transat Jacques Vabre. Durant cette hypnose, je me suis assoupie. L'été avait été difficile et j'étais épuisée, au point de douter de la pertinence de la séance avec une telle fatigue. Et puis, plongée dans la course et concentrée dans l'action, j'ai oublié. C'est peu avant la fin du Retour à la Base[3] que j'ai vu le changement. Là aussi, j'ai eu comme un flash, mais bien différent de ceux auxquels j'étais habituée. Quand il s'est produit, j'étais en train de battre mon record personnel de distance parcourue en vingt-quatre heures ; jamais je n'étais allée aussi vite avec mon bateau !

2. Psychologue et fondateur de l'eïnothérapie.
3. Course retour en solitaire à l'issue de la Transat Jacques Vabre, de Fort-de-France à Lorient.

Soudain, je me suis rendu compte que je ne voyais aucun mur, aucun bateau, aucune baleine devant moi qui aurait pu tout faire flancher ! Je prenais du plaisir. C'était ça, le flash ! Devant moi, je ne voyais que l'horizon, ouvert, et qui me paraissait léger.

Tout cela m'a permis de comprendre que gérer les conséquences du stress n'est pas une mince affaire. On peut avoir traversé une situation d'urgence ou subi des aléas en série sans avoir l'air traumatisé. On peut même ne pas avoir été du tout déstabilisé. Certaines personnes sont capables de raconter avec le plus grand détachement les situations graves qu'elles ont vécues. Mais les apparences sont parfois trompeuses. Au fil de mes lectures, j'ai réalisé que le fonctionnement de notre système nerveux explique ce paradoxe.

Si l'expérience est plus « impactante » que ce qu'il m'est possible de supporter, il peut arriver que, sans m'en rendre compte, je m'en détache en me coupant de mes émotions. Je donnerai l'illusion d'avoir pris du recul et d'avoir composé avec l'incident. Pour autant, il ne sera pas digéré, il aura juste été – inconsciemment – tenu à distance, pour qu'il ne m'ébranle pas. Or, il peut ressurgir, tel un vieux fantôme, sous une autre forme, parfois bien déguisée.

Le stress chronique agit différemment. Il m'affaiblit progressivement, il puise dans mes ressources et finit par me priver de mes capacités d'adaptation. Mais quelle que soit sa nature, le stress est susceptible de laisser des traces, plus ou moins néfastes. Le plus important, c'est ce qui se passe ensuite, car même « oubliés », des souvenirs s'inscrivent dans le corps, notamment dans les fascias. Là où ils se cristallisent, ils bloquent le mouvement physiologique qui anime l'organisme. Quelque chose se fige à l'intérieur qui freine nos élans et nous prive d'énergie.

Il a fallu beaucoup de temps avant que je prenne conscience de ces rouages complexes et que je réalise à quel point ce sujet cachait chez moi un angle mort. La pédagogie perceptive, l'eïnothérapie et bien d'autres méthodes m'ont aidée à me renforcer et à dépasser durablement mes limites. Enfin !

S’ENVOLER

Perdre pied

J'ai rarement pris un bon départ de course. Peut-être encore l'un des conditionnements dont je n'ai pas réussi à me défaire... En régate, on s'exerce à se placer sur la ligne au coup de canon sans la couper quelques secondes trop tôt, entraîné par un concurrent qui ferait valoir sa priorité. Je ne l'ai pas appris dans ma jeunesse et ça me manque. C'est une équation fine qui exige d'être sûr de soi, de défendre son territoire et de se montrer agressif au bon moment. Pourquoi n'ai-je pas cherché à résoudre mon problème ? Je me le demande. Toujours est-il que j'ai pris l'habitude de partir prudemment et en retrait des autres concurrents – une position qui me correspond bien ! Cette faiblesse m'a coûté cher lorsque je courais en Figaro, mais j'arrivais à l'expliquer.

En revanche, il y a en moi une autre faille, plus mystérieuse : je traverse régulièrement un passage à vide durant le début des courses. La situation se produisait souvent en Figaro et j'en connais le mécanisme. Je pars en léger décalage, puis me place dans le milieu de la flotte et m'y accroche autant que possible. Mon attention ne se détourne pas une seconde de mes réglages et je me concentre encore plus à la tombée du jour, pour éviter de perdre le fil, mais subitement, je ralentis, comme si un paquet d'algues s'était soudain enroulé autour de ma quille. Je vérifie, bien sûr, et c'est parfois le cas, alors je me jette sur la corde à nœuds et la canne à algues. Mais le plus souvent, le problème n'est pas là. En fait, je ne sens plus rien, ni mon corps ni mon bateau, le sang se fige dans mes veines et une part de moi s'absente. J'ai beau me débattre, jouer sur les écoutes et barrer de plus belle, je vois les premiers s'envoler, les derniers me rattraper et j'ai la sensation d'être engluée dans une toile d'araignée. Une fois que j'ai dégringolé, que je ne peux pas tomber plus bas, le temps de dire «OK», tout s'organise à nouveau et se remet en marche. L'intuition revient avec l'énergie, je vois où je dois aller, je sais ce que je dois faire, la force réapparaît, l'envie aussi. Et je commence à remonter dans le classement. Ce schéma s'est répété longtemps, de diverses manières, et m'a suivie jusque dans le circuit du Vendée Globe. C'est un fait, descendre très bas me sert parfois de moteur pour avancer.

Le haut niveau pousse le compétiteur dans ses retranchements, jusqu'à un point de bascule. Là, on n'a plus qu'une alternative: faire un bond en avant ou reculer de plusieurs cases. Qui sait ce qui se passe à ce moment où l'équilibre est rompu, où, à force d'aller au bout de soi, le sol se dérobe sous nos pieds? Quelles certitudes résistent à cette épreuve?

J'aime être seule, même si ma relation avec la solitude est ambiguë. Cette dernière m'est indispensable pour me permettre de me retrouver et me ressourcer. En mer comme en montagne, elle m'offre un lien direct avec les éléments.

Sentir mon bateau glisser dans le vent tiède des alizés sous une myriade d'étoiles et assister au lever de la lune me procurent un sentiment unique de reliance et de plénitude. Au fil des jours, tout devient vivant autour de moi. Mon bateau, gardien de ma vie et de ma sécurité, accélère comme un chien fou, puis freine brusquement dans la vague. Il se heurte à elle, se blesse parfois. Depuis le temps qu'il est mon compagnon de route, mes pieds ressentent le moindre de ses mouvements. L'onde d'impact contre la vague se répercute en moi. Même quand je suis clouée au poste de navigation, je reste attentive aux bruits environnants et aux soubresauts de ma coque. Quelquefois, je l'entends respirer, comme le ferait une baleine. Ce souffle vient de l'appel d'air dans le puits de quille lorsqu'il se vide de son eau, aspirée dans les accélérations.

Allongée dans ma bannette, il m'arrive d'entendre le son d'un ruisseau au-dessus de ma tête, comme une petite musique qui adoucit l'ambiance. L'eau qui s'écoule sur le pont me rappelle que je ne suis pas *sur* l'océan, mais *dans* lui. Il arrive aussi que, dans mon demi-sommeil, je perçoive une accélération qui devient telle que, durant quelques fractions de seconde, les bruits s'effacent pour laisser place à un silence étrange, accompagné d'une sensation de légèreté inhabituelle. Alors je me réveille, et tous mes sens se tournent vers cette lévitation, se préparant à la suite. Car plus l'accélération est forte, plus l'atterrissage sera difficile. Mon voilier va retomber sur l'eau, percuter la vague, et si la mer est mauvaise, le choc sera violent. Autour de moi résonnera, comme un cri, le coup porté à sa structure, et mon corps se soulèvera de la couchette durant quelques centièmes de seconde, avant de retomber lui aussi, en bousculant au passage mes poumons et mes os. L'eau, à ce moment-là, me semble solide. Et, pendant que je retournerai à ma somnolence, je sentirai sous ma peau le remous de mes organes secoués et de mes liquides brassés en rythme avec la mer. À bord de mon bateau, avec lui, je me fonds dans l'élément. L'océan aussi, il faut savoir l'écouter, car il a ses humeurs. Avec le temps, on apprend à mesurer sa colère et son agitation aux dégradés de bleu, de gris et de blanc et à l'écume que dispersent les rafales.

Là, une part de moi s'oublie, celle que j'ai laissée à terre, pendant que résonnent dedans comme dehors les sons, les heurts et le continuel bercement de la houle. Seule en pleine mer, je me sens reliée et accompagnée. Il me semble m'être immergée dans un monde riche, vivant et tout aussi changeant que moi. Un univers qui ne demande qu'à être observé et écouté.

Lorsque j'étais enfant, ce dont je rêvais le plus était de partir seule sur une petite embarcation que je m'inventais. Naviguer en solitaire a toujours été une évidence. Les premières fois que j'ai eu cette chance m'ont profondément marquée : première promenade en Optimist, première escapade sur le dériveur de Peter, mon oncle, premier convoyage en Méditerranée. Cette fois-là, malgré la tempête de mistral, je me suis sentie si heureuse et si vivante que j'en ai été bouleversée. Tout, autour de moi, gagnait en épaisseur et en densité, même le vent. Ce n'est pas un hasard, si, moins de deux ans plus tard, à La Trinité-sur-Mer, j'ai largué les amarres à bord d'un Mini 6.50. J'étais novice, en régate comme en réglage de voile, mais cela ne faisait aucun doute : j'étais faite pour le solitaire.

Pourtant, en décembre 2020, après sept semaines en mer, les jours défilent dans l'océan Indien et me déroutent ; alors qu'ils se ressemblent, ils passent à une vitesse folle. Chacun m'apporte son lot de surprises, sans que je m'en étonne. Je me trouve dans le lieu de tous les paradoxes. D'un côté le temps s'étire et d'un autre, j'aimerais en avoir plus, pour me reposer, lover mes bouts et réparer les avaries qui s'accumulent. Une chose est sûre, c'est qu'ici, au cœur du Vendée Globe, dans ces mers reculées qui m'ont tant attirée et intriguée, je me sens terriblement seule.

Seule devant les aléas dans la mer cassante, dans le froid grandissant, dans le vent qui oscille sans prévenir. Seule devant les prévisions météo inexactes en cet endroit du globe. Seule à espérer un moment de répit, un vent stable et une houle régulière. Seule à me surpasser pour rester dans le match. Seule à me mettre la pression, sans accepter que cette course est difficile et éloignée de mes attentes.

La solitude, ici, à l'autre bout du monde, j'en veux et en même temps je n'en veux plus. À vrai dire, je ne sais plus ce que je veux, être ici ou être ailleurs, parler avec mes proches et partager ce que je vis, ou préserver cet espace qui n'appartient qu'à moi. Plus rien n'est clair. Cette épreuve me pousse tellement loin que j'ai perdu toute forme de certitude.

Que la douceur des alizés est loin! Dans ces latitudes désertées où les matins plus gris les uns que les autres se ressemblent et m'enveloppent de froid, on dirait que le temps s'est arrêté. Pourtant je cours contre la montre, à pousser mon bateau toujours plus vite, à rouler une voile pour en border une autre, à enfiler ma vareuse puis la retirer, à établir ma stratégie, à assécher l'espace de vie ou sortir mes outils pour réparer ce qui peut l'être. Sous l'effet du tangage et du roulis, changer de vêtements prend une éternité et rester assise est parfois dangereux. Casser des œufs au fond de ma poêle relève de l'acrobatie.

Dans cet environnement où accomplir la tâche la plus élémentaire demande une débauche d'énergie, il faut pourtant toujours faire vite, car les premiers de la flotte ne m'attendent pas. Les nuits sont courtes et les jours passent à toute vitesse, alors que la moindre action, même me lover dans ma bannette, demande du temps. Quand je m'assois au poste de veille, que mon regard se perd dans mon sillage et que mes pensées vagabondent d'un nuage à l'autre, elles sont, elles-mêmes, tout aussi ralenties par l'incessant mouvement. Alors, moi aussi je balance, et j'aspire à quelques heures de plus pour mieux me reposer, tout en trouvant ces semaines interminables.

En décembre, dans le Pacifique, les nuits durent à peine plus de quatre heures. Si d'aventure le ciel est clair, le soir, un liseré parcourt l'horizon d'un dégradé de teintes pastel. À l'ouest, là où le soleil vient de se coucher, il est rouge orangé, tandis qu'à l'est, il est bleu. Au fil de la nuit, les couleurs changent, mais ne disparaissent pas avant le jour. Dans les calmes de l'anticyclone, les paysages sont soudain féeriques et les rayons du soleil, si rares par ici, me réchauffent le moral encore plus que la peau. Je peux enfin souffler et décorer mon bateau pour les fêtes. Ici, de l'autre côté du globe, quelque chose m'interpelle. Les jours qui avancent lentement et m'enseignent la patience se décalent vite par rapport à l'horloge, car je fais cap vers l'est ; le soleil se lève chaque matin un peu plus tôt. Mais voilà qu'on m'annonce que là où je me trouve, il est un jour moins tard que je ne le pensais ! En croisant l'antiméridien, le 180e degré de longitude, non seulement je me situe à l'opposé des miens et de ma maison, mais je me suis aussi décalée d'une journée. De quoi être déboussolée ! Ce qui paraît évident à terre est déroutant ici.

En préparant mon parcours, durant les mois de confinement, je n'ai pas abordé ce sujet et n'ai pas pensé, non plus, à embarquer un globe. C'est bien dommage, car depuis quelque temps, une autre question me rend perplexe, c'est le cap que l'écran de mon ordinateur semble donner à mon bateau. Sur la carte affichée, les vecteurs de cap et de vitesse me donnent l'impression que je me dirige vers l'est. Pourtant les écrans de navigation m'indiquent une route au sud-est. J'ai beau me raisonner et me dire qu'à cette distance d'un pôle, la représentation du globe est déformée, j'ai peur de me tromper.

Comment ne pas perdre ses repères après bientôt deux mois de solitude et de privation de sommeil ? Il est difficile d'imaginer voyager aussi loin et aussi longtemps sans voir la terre. Pour ma part, j'avais supposé, avant de partir, que ma route m'amènerait à croiser une côte çà et là ou à apercevoir une île. Je n'avais pas envisagé parcourir le monde en ne voyant rien d'autre que l'horizon. Certes, le climat est un repère lorsqu'on descend l'Atlantique, notamment avec l'alizé tiède et léger qui souffle de part et d'autre de l'équateur. S'il vient du nord-est, on se situe dans l'hémisphère nord, et une fois passé le Pot au noir, il souffle du sud-est. L'air est sec et doux aux abords de l'anticyclone de

Sainte-Hélène, et pendant qu'on ressort les couvertures en faisant cap au sud, on goûte les derniers rayons du soleil avant un long moment. Une fois franchie la barre des quarantièmes, on met le cap à l'est-sud-est et on s'engage dans la voie longue et monotone des dépressions du Sud. Mais à partir de là, il devient difficile de deviner où l'on se trouve, sinon par la baisse de la température. Comme le Pacifique peut être aussi furieux que l'océan Indien, il est facile de perdre la notion des jours et des semaines qui se ressemblent.

Pour jalonner ce long chemin et réussir à croire que les vagues d'aujourd'hui n'étaient pas celles d'hier, je me suis accrochée à mes cartes et à mon calendrier. Voir mon petit bateau suivre sa route sur le fond bleu de mon écran m'a aidée à me convaincre que j'étais bien là où je prétendais être. En franchissant la ligne des quarantièmes, je pénétrais dans un territoire défini. En coupant la longitude du cap de Bon Espérance, puis en passant au sud de l'Australie, je m'y suis crue, j'avais atteint un but. J'en étais pourtant loin, mais ces traits de côte m'ont fait patienter jusqu'à l'étape suivante. Quand je suis entrée dans l'océan Pacifique et qu'il n'y avait plus que du bleu, le point Némo[1], le plus virtuel qui soit, m'a servi de bouée. Entre-temps, il y a eu les fêtes : Noël et le jour de l'an ont joué le rôle d'amers et je les ai attendus avec une impatience d'enfant.

On s'accroche à ce qu'on peut quand on n'a plus de repères, que l'ennui menace et que les forces nous échappent. Étonnamment, envers et contre tout, on persévère, on continue à se battre. À un moment, je me suis appuyée sur tout ce qui m'était donné. Un problème résolu était une source de joie et de fierté, une pause après l'effort devenait l'occasion de cuisiner, et

1. Situé par 48° 52' 31,748' S, 123° 23' 33,069' O dans le Pacifique Sud, il est considéré comme le pôle maritime d'inaccessibilité, le point de la planète le plus éloigné de toute terre.

les messages d'encouragement me réjouissaient comme jamais. Ils me rappelaient que, même si je me sentais seule et parfois oubliée, en réalité, jamais je n'avais jamais été aussi soutenue. Lire les pensées de mon amie Françoise, inspirées par ce que je vivais, me faisait l'effet d'un baume. Mon équipe compilait les messages des uns et des autres avant de me les envoyer. J'ai ainsi reçu quelques lignes d'un camarade que j'avais eu à l'école primaire, à Palaiseau, et que je n'avais pas revu depuis l'enfance. Les copains du groupe que nous formions à l'époque s'étaient mis à communiquer entre eux; ils suivaient ma course et me soutenaient. Pour moi qui avais déménagé si souvent et perdu de vue tant d'amis, savoir qu'il restait un lien entre nous m'a été infiniment précieux à ce moment-là.

Le Vendée Globe me morcelait et opposait des parts de moi qui illustraient un fait et son contraire. Alors ces petits liens ténus rassemblaient les morceaux. Ma sensibilité était accrue par la fatigue, si bien que chaque missive de mes proches ou même de gens que je ne connaissais pas, avait de l'importance. Plus sensible, j'étais aussi plus réactive, et certains messages me déconcertaient. Ils me montraient à quel point la réalité en mer échappe à ceux qui restent à terre.

M'ayant entendue dire que je souffrais du froid, quelqu'un m'a conseillé de porter un T-shirt en coton! D'autres me suggéraient tout simplement de rester «zen» lorsque je me plaignais de mes conditions de vie. Ce décalage me faisait toucher du doigt ce que l'empathie signifie. Avec la communication non violente, j'avais cerné à quel point écouter les gens est une affaire subtile. On est vite tenté de prodiguer des conseils ou de s'apitoyer. Ni l'un ni l'autre ne sont d'une grande aide pour qui a besoin d'empathie. Alors, dans ces moments de grande fragilité, le soutien simple et silencieux de ma famille et de mes amis a été le plus précieux des cadeaux.

Mon Vendée Globe a été une véritable lutte, et ce n'est pas ce que j'espérais. Une lutte contre mes peurs, contre le stress, contre le froid et surtout contre moi-même, pour ne pas perdre pied. Jusqu'au jour de mon abandon, pas une seule fois je n'ai relâché la pression, faisant exactement l'inverse de ce que je m'étais promis.

En passant le cap Horn, je pensais être sortie des ennuis. Je venais de subir plusieurs avaries en cascade: la perte de mon anémomètre en tête de mât, qui limitait les capacités de mon pilote automatique; la déchirure de mon précieux gennaker sous l'effet d'une rafale que le pilote n'avait pas pu négocier et, quelques heures plus tard, la rupture du vérin de ma quille dans un immense fracas.

Ce jour-là, aux confins du Pacifique et au moment où je me sentais plus seule que jamais, j'ai vu Boris Herrmann me doubler, prendre la huitième place du classement et disparaître devant moi. Il me talonnait à moins d'un mille depuis la veille. En le voyant s'envoler au loin, j'ai bien compris que c'en était fini de mes espoirs de me placer dans le top 10. J'étais obligée de bloquer ma quille en position médiane, ce qui handicapait mon bateau. Ça m'a rendue inconsolable pendant un temps. Mais puisque j'étais toujours en course, avec la possibilité de viser un classement honorable, j'ai rassemblé mes forces et j'ai fait le deuil de ma peine. Malgré la déception, j'avais désormais un nouvel objectif.

Dans ce contexte, et après plus de cinq semaines dans les mers australes, quitter l'océan Pacifique deux jours plus tard m'a fait l'effet d'une délivrance. En une nuit, la brume, la tempête et la houle ont laissé place à un soleil radieux et à une mer clémente. J'ai vraiment cru en avoir terminé avec les coups du sort et le mauvais temps, car j'avais décrété que les mers du Sud concentreraient les pires déboires que la course était susceptible de me réserver. Mais j'avais oublié que le cap Horn est le point le plus au sud de tout le parcours, qu'on y frôle les soixantièmes mugissants et qu'il y a 1500 milles à remonter pour repasser la barre des quarantièmes ! Ensuite seulement, on peut espérer un régime plus accueillant. La réalité m'a vite rattrapée.

À peine trois jours après avoir franchi le Horn, la météo annonce la formation d'une dépression plus creuse encore que celles croisées jusque-là. Puis, vingt-quatre heures plus tard, alors que la tempête approche, un bruit me heurte les tympans : le système de retenue de la quille qui compensait l'absence de vérin vient de me lâcher. Il était ma dernière assurance de stabilité. La quille pendule désormais sous la coque et la pièce qui vient de casser est impossible à réparer. Si ma course flanchait, là elle a basculé. J'avais eu tort de me croire tirée d'affaire.

Je réalise que ma course s'arrête ici et que je dois déclarer forfait, mais je n'ai pas le temps d'être abattue. Maintenant que la mer se creuse, chaque vague peut être dangereuse. Il est trop tard pour espérer échapper au coup de vent, alors je dois lutter pour ma sécurité. J'affale les voiles, oriente mon cap dans le sens de la vague pour ne pas la laisser embarquer le bateau à la gîte, et je m'installe au poste de barre pour ajuster la trajectoire. Dans le même temps, je suis obligée d'écoper et de faire tourner la pompe de cale pour étaler une voie d'eau, puis d'attacher solidement la grand-voile.

C'est quand je suis allée à l'intérieur pour souffler un peu et actionner la pompe de cale que le bateau s'est couché. Je l'ai senti partir, percuté par une vague, sans que j'aie le temps d'intervenir. J'ai été projetée contre la bannette, en même temps que le plancher de la cabine, des outils et des conserves mal amarrés. Pendant quelques secondes, la coque est restée sur la tranche et j'ai pensé qu'elle allait chavirer. Puis elle est repartie du bon côté. L'incident a provoqué une deuxième entrée d'eau dans mon espace de vie et en a endommagé la structure. Tout s'est retrouvé sens dessus dessous, y compris mes couvertures qui sont tombées dans l'eau.

J'ai commencé à m'inquiéter. Il ne fallait pas que la quille subisse de choc et il était nécessaire que le bateau reste à plat pour préserver la coque, éviter de chavirer ou d'entraîner une voie d'eau plus importante. J'ai rassemblé mon équipement de survie et passé en revue les procédures d'urgence. J'ai ensuite mangé, puis me suis habillée, avant de m'installer à côté de la barre. Je voulais pouvoir réagir vite. La nuit durant, j'ai guetté les moindres frémissements de mon embarcation, tout en communiquant avec Florian et Cécile qui, à terre, étaient en veille, ainsi qu'avec Jacques Caraës, le directeur de course. Même s'ils ne pouvaient rien faire pour moi, cela me rassurait.

J'étais prise dans un piège, et pour la première fois de cette longue traversée des océans, il m'était impossible de modifier le cours des choses. Je ne pouvais plus qu'accepter la situation.

Cette nuit-là, en lâchant prise sur tous ces événements, j'ai vu s'envoler mes frustrations, ma déception et ma tristesse de terminer ainsi ma course. J'ai oublié le sentiment d'injustice qui m'habitait depuis des semaines, et l'impression de ne pas avoir réussi à me battre jusqu'au bout a disparu. Ce que je n'avais pas voulu voir était soudain clair. J'avais traversé des tempêtes, j'avais été tiraillée entre mes craintes et mes ambitions, j'avais réparé tout ce qui pouvait l'être, rattrapé la tête de la flotte et je m'étais battue au-delà de mes forces. De même que mon bateau avait été peu à peu dépouillé de ce qui le rendait performant, j'avais consommé mes ressources et perdu mon énergie.

Jusqu'alors je m'étais cramponnée, mais les derniers espoirs s'étaient envolés, et c'est à ce moment que j'ai refait surface. J'ai vu comme un voile se soulever, tous les morceaux d'histoire se rassembler et, pour la première fois depuis soixante-quatre jours, j'ai cessé de lutter.

Repartir

Parmi les grandes compétitions auxquelles j'ai participé, rares sont celles qui ne m'ont pas donné l'occasion de me demander pourquoi j'avais choisi cette voie et de me promettre que celle en cours serait la dernière. J'ai presque toujours connu un moment où la course me malmenait jusqu'à ce que j'en perde le sens et qu'elle ait raison de ma passion.

De ce point de vue, la deuxième édition de la Vendée Arctique, en juin 2022, a été particulièrement marquante.

Sur les pontons des Sables-d'Olonne, avant de larguer les amarres, je suis déjà en prise avec le doute. Et, si le départ est donné dans des conditions clémentes, la suite sera moins douce. À peine la flotte s'est-elle éloignée de la côte vendéenne que la brise se met à souffler travers à la route. Nos voiliers lâchent les chevaux en cognant les vagues sans aucun état d'âme. À bord, je ressens un mélange d'excitation et d'appréhension. Ce sont les meilleures conditions pour mon MACSF, devenu particulièrement performant au vent de travers depuis qu'il est équipé de foils. À chaque risée, je sens son étrave décoller, lentement, avant de le voir s'emballer dans une longue accélération. Je compte les bateaux laissés derrière moi. Dans le même temps, la vie à bord se complique et ressemble de plus en plus à de la survie.

L'ironie du sort veut que les conditions les plus favorables pour la performance soient également les pires en ce qui concerne la sécurité à bord. Lorsque mon Imoca heurte la vague, ce qui se produit de façon aléatoire, je dois être bien campée sur mes pieds et me tenir fermement aux mains courantes, en déverrouillant coudes et genoux pour les préserver de la violence des mouvements. Sans ces précautions, le risque de me blesser augmente instantanément. À cette cadence-là, m'aventurer sur le pont sans réduire ma vitesse est inenvisageable, et chaque déplacement dans le cockpit ou dans l'espace de vie peut se révéler dangereux. Il faut procéder par étapes, le meilleur moment pour changer de prise et avancer d'un pas étant la fin d'un surf, lorsque la coque vient de retomber à la surface de l'eau et qu'elle s'est mise à ralentir. Quelques secondes après, elle reprend sa vitesse et de nouveau, il est indispensable de s'accrocher et d'attendre. Moi qui ne me sentais pas dans mon assiette avant de partir, je prends sur moi pour résister aux secousses.

Le premier soir, alors que je me tiens solidement à la colonne, attentant le moment opportun pour tourner les manivelles et border mes voiles, un impact suivi d'un brutal ralentissement m'arrache à mon poste et me projette contre l'un des winches. Je suis soufflée par le choc, mais par chance, mes côtes sont indemnes. Je prends ma mésaventure comme une invitation à redoubler de prudence dans le vent qui forcit. Avec 5 à 6 Beaufort, les à-coups sont si violents que ni repos, ni collation, ni changement de vêtements ne sont possibles. Je ne peux même pas aller jeter un œil à la cartographie. Je n'ai d'autre choix que de rester dans le cockpit, assise dans mon siège de veille ou debout, les mains agrippées, jusqu'au prochain répit. Même simplement tenir en place sans me blesser est devenu un défi.

Dès le lendemain, tout se calme brusquement, car notre flotte traverse une dorsale anticyclonique, une zone sans vent qui fait barrière sur la route de l'Islande. Comme à chaque fois, je commence par me réjouir de sentir la vitesse décroître et les coups de frein diminuer. Il m'est de nouveau possible de me préparer à manger et d'enfiler une polaire sous ma vareuse. Mais la situation se complique bientôt. En quelques heures je quitte les surfs endiablés pour me retrouver encalminée, les voiles claquant sous l'effet de la houle, sans le moindre souffle d'air.

Me voici devant un autre problème: mon bateau n'avance plus. Dans ces conditions, le stress monte, avec le doute et la peur de ne pas avoir choisi le meilleur endroit pour traverser la zone de calme. Cette dorsale se présente comme une rivière à franchir, qui serait, par endroits, plus étroite ou plus large. Ceux qui la couperont au plus court seront les plus chanceux, ils retrouveront très vite une bonne vitesse, pendant que d'autres attendront, à l'arrêt, le retour du vent. Les uns distanceront les autres, gagnant les milles par dizaines et créant une avance considérable. Pour ma part, je n'ai pas choisi la meilleure latitude, semble-t-il. Je reste encalminée toute une journée, alors que d'autres s'échappent vers le nord. Je fulmine. Sans dormir, le regard rivé sur l'horizon dans l'espoir d'y trouver une bande de vent, obligée de régler constamment mes voiles pour tenter de faire avancer mon bateau, je m'épuise presque autant que dans la tempête. Pourtant, une fois la brise rétablie, je ne peux que constater mon retard. Comment ne pas être déçue?

Mais cette rétrogradation n'est pas ce qui m'inquiète le plus. Ce qui monopolise mon attention à présent, c'est le violent coup de vent annoncé par le fichier météo sur l'ensemble de la zone. La dépression se déplace d'ouest en est et passera au nord de la flotte. Les rafales annoncées avoisineront les 70 nœuds, et l'air soufflera d'autant plus violemment dans nos voiles que, dans ces latitudes, il est particulièrement froid et dense. Lorsque je consulte l'écran de mon ordinateur qui affiche la carte de l'Atlantique depuis la Grande-Bretagne jusqu'au Groenland, je ne vois que du rouge, la couleur utilisée pour représenter les vents les plus forts. J'en ai des frissons dans le dos. D'après le fichier, là où les conditions seront les moins ardues, c'est en avant de la flotte. Les bateaux les plus rapides s'en sortiront, tandis que les plus lents traverseront au plus fort de la tempête. À moi, donc, de me positionner le plus au nord possible et d'avancer assez vite pour laisser le gros temps derrière moi.

J'ai l'impression de me jeter dans la gueule du loup. Entre la violence des premières heures après le départ, la guerre des nerfs subie ensuite, et la dépression qui nous arrive, les moments de satisfaction et de plaisir se font décidément rares.

Avant même d'avoir quitté le port, ce Vendée Arctique m'a paru difficile. Aux Sables-d'Olonne, alors qu'une ambiance festive règne sur les pontons, je ne suis pas dans mon assiette. Je ne me sens pas en phase avec mon équipe et je perçois l'incompréhension de mon entourage. On me voit changer, et ça ne plaît pas. À quelques jours du départ pour le parcours le plus exigeant de cette saison, mon moral est au plus bas. J'ai l'impression de ne pas correspondre à ce que l'on attend de moi, et de ne pas entrer dans les bonnes cases. Le prochain Vendée Globe aura lieu dans deux ans, et je m'interroge. Suis-je encore à ma place dans ce rôle de skippeur ?

Le 17 juin, la flotte se rapproche de l'Islande, dispersée dans l'Atlantique. Les plus rapides ont bénéficié d'une météo favorable et sont quasiment tirés d'affaire. Les plus lents naviguent dans la tempête et subissent des vents de 50 nœuds en moyenne. Relativement chanceuse, je ne me situe pas loin derrière les premiers. Après avoir été arrêtée une nouvelle fois, le cinquième jour, dans une longue accalmie, j'ai retrouvé un vent fort avec l'arrivée de la dépression, et des conditions aussi favorables qu'inconfortables, comme le premier jour. Depuis le retour du vent, je me trouve cramponnée à mon siège de veille, fatiguée de m'être agitée toute la nuit pour faire basculer mes voiles de bâbord à tribord et de tribord à bâbord à la moindre risée, en bordant, choquant, courant à l'avant du pont pour aider au passage des écoutes.

Je n'en peux plus. J'ai trouvé très peu d'occasions de dormir depuis le départ, or, à présent, mon voilier est rapide et agressif comme jamais. Appuyé sur son foil, penché vers l'arrière, avec des colonnes d'eau qui s'écrasent en continu sur le roof, il ne me donne aucune possibilité de veille visuelle. S'il y avait un obstacle devant moi, je ne le verrais pas. Le point positif de cette situation, c'est que je rattrape certains de mes concurrents qui avaient été plus chanceux et mieux inspirés que moi dans les vents calmes. À ce rythme, terminer dans le top 10 est largement envisageable, et là où je me situe, j'ai échappé au plus gros de la tempête qui gagne rapidement dans ma direction.

Afin de surveiller son évolution, toutes les quatre heures, je dois ralentir la cadence pour aller m'asseoir devant l'ordinateur et télécharger un nouveau fichier météo. Je veux être prête à agir au moment voulu. Pourtant, malgré mes précautions, lorsque la tempête me rattrape, les rafales se font si violentes, si lourdes et si denses que ma grand-voile se déchire pendant la prise de ris. Elle qui a déjà beaucoup navigué n'a plus la solidité des débuts, et celle qui devait la remplacer n'est pas arrivée assez tôt pour que je l'embarque. Impossible de réparer dans le gros temps. Je poursuis donc ma route, à voilure réduite, en espérant que la déchirure ne se propage pas. Mais, un peu plus tard, les rafales redoublent d'intensité, et ce que je craignais se produit : il me faut affaler entièrement ma voile et continuer la course avec ma trinquette à l'avant pour tout moyen de propulsion.

Je tente de remonter au vent, en direction de l'arrivée qui se situe au nord, à 50 milles à peine, mais l'élément principal de ma voilure manque et l'état de la mer ne me permet pas de progresser suffisamment vers mon but. Au louvoyage, chaque bord me ramène quasiment sur mon sillage précédent et me rejette vers le sud. J'ai à présent roulé la trinquette et j'avance sous tourmentin. Le vent, de force 8, doit monter dans les heures à venir, les vagues vont grossir.

Alors je décide de rebrousser chemin. Je veux d'autant moins m'approcher des côtes islandaises que mon bateau est peu manœuvrant. Je distingue au loin les crêtes rocheuses et les sommets enneigés de ce pays mystérieux que je n'atteindrai pas. Sous de gros nuages gris, la mer est blanche, l'air est dur et il me glace le visage.

Dépitée de jeter l'éponge si près du but, je sens remonter mes doutes et mes sempiternels questionnements. Combien d'obstacles encore le sort s'acharnera-t-il à placer sur ma route, m'interdisant systématiquement de réussir ? J'ai vaillamment terminé la première édition de cette même course, deux ans plus tôt, avec la bôme de mon voilier brisée en deux. Un an plus tard, j'ai patiemment remonté l'Atlantique, la quille de mon bateau pendulant au gré des vagues, pour trouver un abri, réparer et boucler le Vendée Globe, hors course. Cette histoire ne se répétera pas cette fois-ci.

Je ne me sentais pas bien avant le départ. Envahie de doutes, plongée dans l'incompréhension et la perte de sens, je m'étais dit que cette course serait un test et me permettrait de jauger ma motivation à poursuivre mes aventures jusqu'au prochain Vendée Globe. Au moment de prendre l'amère décision de jeter l'éponge dans la Vendée Arctique, la réponse paraît s'imposer d'elle-même: il est temps pour moi de changer de voie. Entre la brutalité de la vie à bord, ponctuée de nuits passées à la dérive, sans vent, et les heures de louvoyage à tenter de rejoindre la ligne d'arrivée avec un tourmentin, le plaisir n'a pas été au rendez-vous de ces cinq jours de course. J'ai le sentiment d'avoir subi l'avarie de trop. Pourrai-je encore avoir confiance en mon bateau, en mon équipe ? Pourront-ils, de leur côté, avoir encore confiance en moi ?

De retour à Lorient, mon port d'attache, j'ai envie de tout sauf de naviguer. Depuis quelques semaines, mon mental s'accroche au dépit, à la colère et à la déception, et je ne trouve de perspective apaisante que dans l'idée de céder ma place à un autre skippeur.

Et voilà qu'à peine à terre, j'égare la clé du hangar et du bureau, difficile à dupliquer ! Alors, après de vaines recherches, j'en arrive à me dire que, de toute façon, je n'en aurai plus l'utilité. J'ai envie de montagne, de calme et d'immobilité. J'exprime mon souhait de me retirer du projet à Alain Gautier, manager du team MACSF. Mais afin de ne pas précipiter les événements, nous convenons de remettre la fin de l'été la confirmation de mon choix d'interrompre ou de poursuivre la préparation d'un second tour du monde.

Lorsque, au début de l'été 2021, j'avais annoncé mon réengagement pour quatre ans aux côtés de mon sponsor et de mon équipe, je m'étais sentie partagée. J'avais passé près de cent jours en mer, et chacun d'eux, ou presque, m'avait paru bien plus difficile que ce que j'avais connu jusque-là. Avant qu'on me propose de repartir, je m'étais intérieurement préparée à quitter l'univers de la course pour en découvrir d'autres. Mais c'était la première fois, en dix-huit ans, que je n'avais pas eu à chercher de sponsor, de bateau, ni à recruter de préparateur. Le projet s'annonçait plus serein et plus solide que le précédent, alors je m'étais dit que lorsque la vie vous tend ainsi la main, il était impossible de ne pas la saisir.

Mais à l'été 2022, il me semble nécessaire de rebattre les cartes. L'idée d'être malmenée à bord dès que le vent monte et que mon voilier accélère, la perspective de toutes ces nuits, de tous ces jours à résister au froid, à subir, encore et encore, d'innombrables avaries me donnent envie d'un autre avenir.

Lorsque je pars en congé, c'est avec la volonté de trouver en moi la réponse, le choix qui sera juste. Cela ne se fera que si je parviens à arrêter d'y réfléchir – ce qui, pour moi, est difficile[1]. Depuis quelques semaines, je me sens coupée de mon corps et perdue dans mes questionnements. Heureusement, je dispose d'un peu temps pour changer de décor et retrouver de la stabilité.

1. Pour les personnes neuro-atypiques, en effet, arrêter de penser est quasiment impossible.

Au programme, comme chaque année, quelques jours de danse sensorielle, d'improvisation et de performances. La clé de ces activités, c'est de savoir faire le vide en soi et d'abandonner la pensée pour accueillir l'intuition. Le calme et la légèreté qu'elles me procurent contrastent avec le brouhaha des pontons et le vacarme de ma coque.

Ainsi, durant une partie de l'été, j'oublie mes aventures maritimes, bien que la question qui me taraude reste présente, en filigrane. Durant près d'un mois, l'envie de continuer la course au large ne revient pas. Pas plus que le désir de repartir sur l'eau. D'une part, les chocs et les nuits en mer impactent ma santé. D'autre part, jouer un rôle devant la caméra embarquée à bord, répondre quotidiennement aux interviews, en audio ou en visio, filmer chaque détail de ma vie à bord m'enchante de moins en moins. La contrainte médiatique à elle seule m'épuise, alors que l'optique d'une pause et d'un grand changement m'appelle. Cependant, m'arrêter maintenant reviendrait à ne pas aller au bout de mon chemin, à débarquer du bateau avant d'être arrivée au ponton…

Au milieu de l'été, sac au dos, je monte au refuge d'en Beys, dans les Pyrénées. Mon ami Julien, gardien du refuge, à qui je fais part de mes doutes et de mes réflexions, m'invite à voir la question sous une perspective plus pragmatique que la mienne. Il énumère les avantages pratiques du fait d'aller au bout de mon projet et de ne changer de voie qu'après cela. Mais pour moi la voile a toujours été une histoire d'amour, et dans mon esprit, la passion doit être ma seule et unique raison de partir. Là, je suis plutôt dans le désamour. Je ne sais que penser…

Et puis Julien me suggère :

– Je te verrais bien écrire un petit document sur ta préparation. Avec tout ce que tu as découvert, il y aurait des choses intéressantes à partager, non ?

Mes rêves, je les ai réalisés. Repartir nécessiterait de bonnes raisons et que je puisse m'appuyer sur un nouveau souffle qui semble m'échapper...

Après tous nos échanges, et notamment ces dernières paroles, je sens pourtant une étincelle s'allumer et mon point de vue se déplacer. Cela m'étonne. Je ne me reconnais pas dans les arguments formulés par Julien, et tous les aspects de mon métier que je peine à accepter me trottent dans la tête.

Je me sens souvent obligée de répondre à des demandes aux dépens de mes besoins. Par ailleurs, je n'arrive pas toujours à faire respecter ces derniers, notamment au départ des courses. Alors que j'aspire au calme et à l'intériorité, je ne parviens pas à faire entendre combien l'environnement sonore, la foule et les sollicitations m'affectent, au point que cela puisse dégrader ma performance sportive. Lorsque je considère les contraintes qui me sont imposées, je me demande parfois quelle valeur est réellement donnée à la notion de sport et à la dimension humaine de nos épreuves. Dans mon rôle de skippeur, j'ai l'impression de subir toutes sortes d'injonctions: celle de me montrer épanouie dans mon métier, celle d'être prudente pour terminer mes courses, tout en étant performante, même si la performance implique de prendre des risques et de se faire mal, et celle d'être authentique, fidèle à moi-même, tout en apparaissant détendue et souriante au départ des compétitions!

Mes conversations avec Julien, dans le calme des montagnes, me conduisent doucement à prendre conscience que la perspective de naviguer «pour moi» avant toute chose, de placer mes besoins au centre de chacune de mes actions, me libère de ce poids que j'associe à mon métier. Je me remémore tout ce que j'ai déjà entrepris pour concrétiser cet état d'esprit, en orientant ma préparation autour de ma singularité, de femme tout d'abord, de personne sensible ensuite, et de tout ce qui me différencie de l'image que l'on a des skippeurs.

Il y a longtemps que j'ai introduit la souplesse et le repos dans ma préparation physique, que la lenteur du mouvement non musculaire est devenue pour moi un socle, un point de départ permettant de m'engager dans l'action de manière globale et équilibrée. Il y a longtemps que la méditation, la fasciathérapie et toute forme de connexion sensorielle à moi-même se situent au cœur de ma préparation mentale, et que la nutrition avant, pendant et après les courses fait partie intégrante de ma recherche de performance. Voilà des années que chaque course, chaque saison, s'inscrit pour moi dans le contexte d'une carrière au long cours. J'ai également compris, plus récemment, que lorsque je ne me respecte pas, la performance en pâtit. Et de ce point de vue, il me semble avoir encore du chemin à parcourir.

Toute cette recherche, je l'ai entreprise, notamment, pour me libérer des injonctions sous-jacentes à notre discipline, majoritairement représentée par des hommes.

On ne se plaint pas lorsqu'on se blesse, par exemple. Je l'ai appris lorsque j'ai dû me soigner seule, lors d'une course en équipage, après avoir violemment heurté le roof du bateau avec la tête, à la suite d'un talonnage. On est supposée être davantage « souriante » lorsqu'on est une femme, ainsi que je me le suis entendu dire une fois au sein de mon équipe. On ferait mieux de passer plus de temps à la salle de musculation pour combler son déficit de force, comme cela m'a également été suggéré par un concurrent plus grand et bien plus lourd que moi.

Malgré le chemin déjà parcouru pour me libérer des conditionnements liés à ce milieu masculin qui privilégie la communication, je constate que je ne parviens pas encore à placer mes motivations personnelles au-dessus de celles que l'on projette sur moi. Mes doutes actuels viendraient-ils de là ?

Discuter avec Julien m'a amenée à voir à quel point j'avais besoin de réajuster mon positionnement. Grâce à nos échanges, je profite d'autant mieux de mon escapade pyrénéenne. Un soir que je pars dormir seule dans la montagne, après avoir planté ma tente, j'enfile mon coupe-vent pour m'abriter de la pluie qui s'est mise à tomber. Dans une des poches, j'entends le cliquetis d'un jeu de clés que je ne me rappelle pas avoir emporté, car je fais la chasse au moindre gramme porté sur mon dos... Ce sont les clés du hangar de mon bateau, égarées à l'arrivée de ma dernière course !

Cette trouvaille, à l'endroit et au moment où j'en ai le moins besoin, agit sur mon moi comme un symbole. Le changement de perspective amorcé quelques heures auparavant, au refuge, s'en trouve renforcé. Encore un hasard apparemment anodin et pourtant si riche de sens ! Ces événements, sans pour autant me décharger du poids que je porte depuis le début de l'été, m'invitent à envisager mon avenir depuis un autre point de vue. Aucune décision ne s'impose vraiment, à part celle de profiter de chaque jour dans ce bain de nature. Mais je vois se dessiner une tendance et la laisse tranquillement mûrir.

Le choix que j'annonce à la fin du mois d'août est clair, mais encore chargé d'émotions. C'est acté, j'irai au bout de mon projet. Mon entourage professionnel et ceux qui étaient dans la confidence attendaient ma décision. Mais tout n'est pas réglé. Je suis consciente qu'en réalité, tout se joue uniquement entre moi et moi-même, néanmoins une sensation désagréable me poursuit. Je me méfie.

Il me faudra bien quelques semaines avant de retrouver mes marques, d'éprouver ce qui a changé, en moi, vis-à-vis de mon environnement et de mes attentes. Peu à peu, j'intègre et accepte le fait de me sentir souvent en décalage, et j'envisage de ne pas toujours correspondre à ce qu'on attend de moi.

Au fil des semaines, je commence à me sentir plus libre intérieurement. Et comme cela se déroule bien souvent, l'ambiance autour de moi s'apaise. En effet, ce qui se joue à l'intérieur se reflète toujours, d'une manière ou d'une autre, sur l'extérieur. Je me réconcilie avec mon bateau, avec l'imprévisibilité de la mer et la perspective de subir à nouveau la rudesse des traversées. Le plaisir, longtemps ressenti avec l'émerveillement d'une enfant quittant le rivage pour la première fois, ce plaisir qui me file entre les doigts aussi rapidement qu'il sait s'inviter, de manière fugace, entre les manœuvres, les embruns et les coups de manivelle, s'installe à bord de manière plus durable. Ce plaisir que je me suis attachée à associer autant à ma préparation, physique ou mentale qu'à mes séances d'entraînement au large de la Bretagne, je peux à présent l'envisager dans les moments les plus doux, mais aussi les plus difficiles de mes courses. Et, paradoxalement, c'est en continuant de me confronter à la douleur et l'inconfort, à les nommer et les assumer, que je trouve le plus court accès à la joie d'être en mer.

La Route du Rhum, épreuve phare de ma saison, a lieu quelque temps après mes vacances. Contrairement à la Vendée Arctique, je ne projette aucun enjeu, je ne cherche rien d'autre que l'expérience d'une traversée où tout sera, comme à chaque nouveau départ, envisageable. Ni revanche ni résignation, juste une nouvelle histoire qui démarre sur une page blanche. Qu'il m'arrive le pire ou le meilleur, je me suis préparée à composer avec, en me promettant surtout de doser mes efforts, sans omettre de placer mes ressentis et mes besoins au centre de mes priorités.

J'ai embarqué l'idée que Julien m'a soufflée et dont je ne sais que penser. On m'a bien prédit, il y a longtemps, qu'un jour je prendrai la plume pour raconter mes aventures maritimes... On me l'a même proposé à plusieurs reprises, bien avant le Vendée Globe, et souvent par la suite. À mon retour aux Sables-d'Olonne en 2021, Valérie Péronnet, journaliste et écrivaine avec qui j'avais sympathisé, m'avait dit:

– Si un jour tu te lances dans l'écriture d'un livre, je peux t'aider. C'est mon métier…

L'idée m'avait plu, mais n'avait pas pris racine. Il y avait déjà tant de récits de navigateurs ! Mais cet automne-là, la suggestion qui m'avait été soufflée au détour d'une conversation a trouvé un écho en moi. Pourquoi l'envie de renouer avec l'écriture, qui a été un amour de jeunesse, se faisait-elle ressentir alors que je n'en avais pas vraiment le temps ? Peut-être parce que c'était le bon moment…

Quelques semaines avant la Route du Rhum, alors que le sujet occupe mes pensées et que je doute de pouvoir mener seule un tel projet, mon téléphone sonne et je décroche trop tard. C'est un appel – involontaire – de Valérie, avec qui je n'ai pas discuté depuis longtemps. Elle m'annonce qu'elle vient de s'installer tout près de chez moi. Alors tout devient évident : je vais écrire, avec son aide. Sans lui parler de mon idée, je lui propose de lui rendre visite à mon retour – et gagne ainsi quelques semaines de réflexion. Puis je me consacre à ma course et oublie tout, le temps de ma traversée. Mais à peine rentrée en Bretagne, je m'invite au déjeuner à Saint-Cado. C'est en effet le bon moment !

S'impréparer

Choisir de m'embarquer une deuxième fois pour le Vendée Globe, l'aventure la plus difficile et la plus percutante que je connaisse, a pris du temps. Cela s'est fait en plusieurs étapes. Avant de boucler mon parcours en 2021, je m'étais promis de ne plus remettre les pieds dans des mers aussi reculées et inhospitalières, et surtout pas en course. À peine rentrée pourtant, quand on m'a proposé de repartir, je n'ai pas dit non. J'ai demandé un temps de réflexion qui m'a semblé beaucoup trop court, alors, comme je n'étais pas sûre, j'ai préféré dire oui.

Mon cœur a dit non tout juste un an plus tard. Néanmoins, je me suis engagée, à la fin de l'été 2022, et rien n'avait changé. Mais tout était différent. Je venais de tout remettre en question, pourtant je continuais mon chemin, comme avant. Ce qui s'est modifié, ce n'est pas l'objectif, c'est le regard et l'intention. Et cela ne s'est pas fait d'un coup, il a fallu encore du temps. À croire que les quatre années qui séparent une édition du Vendée Globe d'une autre étaient nécessaires pour faire mûrir en moi les raisons et les données avec lesquelles j'allais prendre la mer cette nouvelle fois. Mon aventure autour du monde a opéré un changement, mais il ne s'agissait que d'une amorce. Elle m'a confrontée, secouée, elle m'a fait buter sur mes résistances, et à mon retour je me suis sentie libérée. Toutefois, quelque chose n'était pas terminé.

Continuer mon chemin m'a donné une nouvelle occasion de persévérer et de comprendre que cette persévérance a été l'un des fils conducteurs de mon parcours.

C'est particulier, la persévérance : on en récolte les fruits à la fin, mais avant cela, on ne sait jamais si l'on a raison de s'obstiner. J'ai, bien sûr, eu des doutes quand, à l'époque du Figaro, mes sponsors m'ont lâchée et que les résultats se faisaient attendre. Et j'ai parfois voulu jeter l'éponge, comme lors de la Mini Transat en 2007, quand mes espoirs de gagner se sont envolés, où qu'après m'être retirée du Vendée Globe, en janvier 2021, au Brésil, j'ai imaginé renoncer définitivement. À chaque fois pourtant, j'ai repris ma route et gardé mon cap, sans toujours savoir où il me mènerait.

La navigation m'a formée à agir efficacement pour sortir des situations difficiles, échapper au danger, et ne pas me laisser dévier. Elle m'a enseigné l'art d'anticiper les ennuis et de repousser loin de moi ce qui pourrait me diminuer et me freiner. Avec l'hypnose et la méditation, j'ai appris, au contraire, à vivre mes expériences sans chercher à m'en extraire, même quand elles sont les plus désagréables. J'ai parfois l'impression que rester assise sur une chaise en proie à mes tensions est un défi encore plus grand que de partir en mer dans la tempête. Comment le simple fait de ne pas chercher à modifier une sensation ou une situation a pu m'apprendre à mieux traverser les épreuves et à donner le meilleur de moi n'est pas facile à expliquer, mais cela m'a indéniablement permis de progresser. Lorsque, durant le Vendée Globe, en 2021, j'ai traversé la frustration, la déception et l'agacement, j'ai cherché, en vain, à passer outre et à me tourner vers la suite. Depuis la terre, on me suggérait de positiver. L'une des leçons cardinales que j'ai pourtant tirées de ces longues semaines de mer revient à faire exactement le contraire. Traverser et assumer ce qui ne me plaît pas, c'est avancer et persévérer bien davantage encore.

En 2022, cependant, je me suis arrêtée. S'arrêter ne sert pas uniquement à se reposer. J'ai fait un point d'appui, comme on en pratique si souvent dans le mouvement sensoriel ; une pause qui m'a permis de me rassembler, de me recentrer et d'accumuler l'énergie dont j'avais besoin. À la considérer de plus près, on comprend que l'immobilité n'est pas le contraire du mouvement, parce que c'est en elle qu'il se prépare et qu'elle en contient les prémices. J'ai relâché la tension, j'ai écouté ce qui se disait à l'intérieur de moi, j'ai tout envisagé. Et puis je me suis remise en route dans une direction qui n'était ni vraiment différente ni tout à fait la même, mais qui était plus juste et plus habitée. En réalité, je suis repartie d'un autre endroit et avec un autre élan. J'ai arrêté de blâmer mon décalage et m'y suis installée.

Évoluer n'est pas changer. L'introspection et la connaissance de soi permettent d'avancer, mais nos traits de caractère, eux, restent sensiblement les mêmes. J'ai découvert des techniques qui proposent des lectures du monde et de nos personnalités en se fondant sur des bases et des philosophies très différentes. Ce que j'en ai déduit, en plus de mieux comprendre mes fonctionnements, est très paradoxal. Même s'il n'est pas possible de me transformer, je peux évoluer au sein de ma structure, et c'est précisément là que se cache mon plus grand potentiel. En avoir connaissance m'indique la direction à prendre et le plus court chemin pour me sentir plus libre.

Pour certains, par exemple, il est plus facile de ne pas changer de cadre de vie, même si le leur ne leur convient plus. Pour d'autres, c'est rester en place qui est insupportable; ils changeront dès lors que quelque chose n'est plus satisfaisant. Pour les premiers, rester est une solution de facilité, là où apporter du changement peut relever du défi. Pour les seconds, c'est rester dans une situation inconfortable qui va les challenger. Et c'est précisément ce choix, plutôt que l'autre, qui agrandit leur champ d'action. En 2022, quand j'ai choisi de conserver mes plans et de rester sur la même voie, je me suis précisément trouvée dans cette situation.

Comme beaucoup de marins j'ai vécu des épreuves à terre comme sur l'eau, et certaines se sont soldées par des échecs. Mais même si je les ai mal vécues, elles ont, à leur manière, balisé mon chemin et ont toujours fini par m'enseigner quelque chose qui n'était pas visible de prime abord. Paradoxalement, plus elles ont été intenses et imprévisibles, plus il m'a été facile de remonter la pente. J'ai toujours pensé que lorsque cela ne va pas, il est plus constructif de se laisser couler et de toucher le fond que de se maintenir juste en dessous de la surface. Les crises nous arrêtent dans nos élans, elles nous font perdre nos repères. Plus rien n'a de sens. Mais elles permettent parfois de remettre en marche un mouvement arrêté, de changer de perspective et de se tourner vers de nouvelles ressources.

Début 2014, après avoir perdu mes sponsors et tous mes espoirs d'en retrouver, j'ai choisi de demander de l'aide. Jamais, auparavant, je n'aurais fait la démarche de proposer à un ami de me sponsoriser. Cela me paraissait inconcevable. Pourtant c'est cette initiative qui m'a conduite jusqu'au départ du Vendée Globe. Les abandons auxquels j'ai dû faire face m'ont amenée à modifier mon rapport à mes courses et, peu à peu, à relativiser. Ces crises m'ont forcée à m'arrêter, à changer de direction et à regarder la réalité sous un autre angle. Bien sûr, il m'est arrivé de ne plus croire en ma chance, de me sentir fragilisée, mais au fil du temps, les crises m'ont aidée à gagner en confiance.

En cessant de résister ou de lutter, en acceptant d'être vaincue, j'ai laissé quelque chose de nouveau émerger. Il me semble que cela m'a renforcée. L'été 2022, lorsque mon chemin n'avait plus de sens à mes yeux, la perspective de tout lâcher m'a permis de reprendre mon pouvoir là où je l'avais perdu. J'ai décidé, mais j'ai surtout choisi de me laisser guider.

La confiance que j'ai gagnée en digérant peu à peu tout ce qui m'avait freinée dans mes élans ne ressemble pas exactement à celle que j'avais au départ de la Transat 6.50 en 2007 ou de la

Route du Rhum en 2018. Non seulement elle supporte l'épreuve du doute, mais elle cohabite en permanence avec lui.

M'arrêter, remettre en question, changer de regard, persévérer, décider… tout au long de ces années, même lorsque j'ai fait le choix de ralentir, c'est moi qui étais aux commandes et qui agissais. Aussi bien à la barre de mon bateau qu'en pleine méditation, j'avais un objectif ou, du moins, je posais une intention. Parfois, la chance venait à moi, ou bien c'était juste une information qui me parvenait par le biais du hasard et de mon intuition. Mais se mettre en hypnose ou en autohypnose, comme je le fais depuis 2022, sous-entend de lâcher toute forme de vouloir et de laisser monter les tensions existantes. Le corps travaille seul, sans qu'on interfère. En pleine Route du Rhum, changer ainsi de positionnement s'est révélé fructueux.

Un an plus tard, lors de la Transat Jacques Vabre que je disputais avec Pierre Brasseur, la course à peine lancée, une avarie nous a contraints à une escale technique à Lorient. Nous sommes repartis loin derrière tout le monde et tous les deux déçus de voir s'écrouler aussi vite nos objectifs sportifs. Puisque nous naviguions en duo et que nous n'étions plus dans le match, et même si les conditions étaient difficiles, au près dans une mer grosse et chaotique, j'étais loin d'être épuisée comme j'avais pu l'être à d'autres occasions. Je m'observais moi-même, assise dans mon siège de veille, cramponnée aux mains courantes pour limiter la douleur des chocs, trouvant absurde de se fourrer dans cette situation juste pour le sport, quand la nécessité impérieuse de me poser et de fermer les yeux m'a pris. J'ai repensé à un enregistrement que Philippe avait réalisé pour moi, quatre ans plus tôt, pour me soutenir en cas de problème. Il y était question de l'immuabilité de l'océan et de son étendue infinie. À l'époque je visualisais les images auxquelles il faisait référence, et cela m'apaisait, mais souvent, je finissais par m'endormir.

Ce jour-là, ça a été différent. Je me suis sentie saisie. J'ai compris, pas tant par la pensée que de manière instinctive, ce que cela impliquait et comment cela pouvait résonner en moi. À la surface de l'eau régnait l'agitation dans laquelle j'étais prise, assise sur un siège de veille que la cadence de mon voilier ne cessait de secouer. Mais que la mer soit calme ou agitée, rien ne modifie l'ambiance au fond de l'océan. Quel que soit l'état de l'eau à la surface, au plus profond des abysses, elle reste calme et silencieuse. À cet instant, à l'image du spectacle qui se déroulait devant moi, il y avait en moi un espace d'une étendue tout aussi infinie, calme et silencieuse. Que mon bateau gigote sur les vagues ou qu'il se trouve à l'arrêt, il m'est possible d'appréhender cette étendue. Et c'est précisément à l'endroit où mon corps se sentait le plus brassé que j'ai perçu cet espace insondable. J'étais comme imprégnée d'un calme qui contrastait avec l'ambiance autour de moi, et mes muscles, tendus comme des cordes, se sont enfin relâchés.

Ce que j'ai senti à cet instant m'a apporté une confiance et une stabilité différentes de celles que je connaissais déjà. Et cette sensation ne m'a pas quittée dans les semaines suivantes. Je pouvais la faire remonter en quelques minutes, en fermant les yeux et en tournant mon attention vers l'intérieur de moi-même. Étant donné ma sensibilité au stress et aux impacts, elle m'a été d'un soutien très précieux durant le Retour à la Base, dernière compétition de la saison. Même si elle n'a pas été la seule raison de mon succès, elle y a participé.

La course ralliait Lorient depuis la Martinique, en solitaire, juste après la fin de la Transat Jacques Vabre. Cette nouvelle épreuve dans notre calendrier avait pour intérêt de nous permettre d'accumuler des milles afin d'être sélectionnés en vue du prochain Vendée Globe. Pour ma part, la course était assez mal engagée. La Jacques Vabre avait pris beaucoup de retard à cause du mauvais temps, et j'en avais pris encore du fait de mon escale technique.

Avec tout ça, il ne nous restait plus que cinq jours, à mon équipe et moi, pour remettre le bateau en état, me reposer et préparer la course à suivre. Toute la saison, je m'étais entraînée en double, jamais en solitaire, et je m'étais appuyée sur la force physique de Pierre pour les manœuvres: j'étais loin d'être suffisamment affûtée et reposée pour une transat retour au mois de décembre. D'autant que ces traversées sont connues pour être plus difficiles et plus dangereuses que celles qui partent de l'est en direction de l'ouest. Alors, même si j'étais frustrée d'avoir raté la Jacques Vabre, j'ai dû lâcher et abandonner, encore une fois, l'optique d'une performance sportive. Il fallait au moins participer pour engranger les précieux milles du processus de sélection en cours et ramener mon bateau à la maison.

Dans ce contexte particulier, j'ai vu cohabiter en moi deux forces en apparence contradictoires. L'une répondait à une envie de rattraper un manque et de réussir là où je venais d'échouer. L'autre me préservait d'une nouvelle déception et s'adaptait à la réalité qui m'imposait de partir impréparée. Loin de me freiner, ces deux élans contraires et ces conditions imparfaites m'ont, en réalité, permis de réussir.

La chance a été au rendez-vous dès les premiers milles et elle m'a rassurée quant à mes choix. J'avais opté pour la prudence et décidé de ne pas sortir toute la voilure. Je tenais à me fier à mon instinct et me suis efforcée d'écouter ma fatigue. Durant les premiers jours, mon bateau marchait bien au près sans qu'il soit nécessaire de le pousser, alors je me suis économisée. J'ai dormi plus qu'à mon habitude et, par plaisir autant que pour rester fidèle à mes intentions, j'ai beaucoup lu. J'assumais ainsi de ne rien attendre de particulier de cette dernière course.

À l'approche de la première dépression, quand il a fallu s'accrocher davantage, hisser les voiles de portant et ajuster ma trajectoire, j'ai abandonné ma lecture et me suis concentrée sur la stratégie. Je ne voulais rater aucune option. L'idée, c'était de faire au mieux en évitant de me mettre dans le rouge, enchaîner les manœuvres indispensables et limiter leur nombre autant que je le pouvais. À partir de là, les conditions se sont dégradées progressivement et la mer est devenue plus cassante. Une fois passée la mi-parcours, le vent s'est renforcé et mon bateau s'est mis à aller vite. Mais moi, je n'ai toujours pas cherché à augmenter mon engagement. Depuis le début, je sentais que mes forces étaient limitées – chaque manœuvre me prenait un temps fou –, mais j'en avais suffisamment pour tenir la cadence. Et plus je m'économisais, plus je m'ancrais dans mes pieds, plus elles augmentaient.

À l'approche du Golfe de Gascogne, le rythme est monté d'un cran et ma vitesse aussi. J'ai pris conscience, à ce moment-là, qu'une sérénité inhabituelle m'accompagnait depuis le départ. Les flashs qui, par le passé, remontaient lorsque ça allait très vite ne se manifestaient pas. Je me suis alors souvenue de ma dernière séance avec Bernard Sensfelder, où j'avais eu l'impression de m'endormir, et j'ai compris qu'elle y était pour quelque chose. Quand le vent s'est renforcé plus que prévu, la dernière nuit de la course, j'ai enfilé mon casque audio pour me protéger du bruit et moins me laisser impressionner. J'ai tenu bon quand les conditions ont encore forci et quand mon bateau est violemment parti au lof. Mais juste après, j'ai dû empanner pour ne pas contrarier ma stratégie. J'ai commencé à hésiter. Mon gennaker allait-il supporter de partir au lof une nouvelle fois ? Mes voiles manquaient de fiabilité. Si je déchirais celle-ci, mon poursuivant me doublerait, mais si je choisissais de la rouler, j'allais ralentir et il se rapprocherait dangereusement de moi.

À nouveau, mon cœur balançait entre risquer une autre avarie et abandonner du terrain à mon adversaire. Ne parvenant pas à décider, j'ai fait appel à mon intuition. J'ai fermé les yeux, debout dans le cockpit, en tournant toute mon attention vers le dedans, et la réponse a été claire: il fallait garder le gennaker et empanner dans le vent fort. Ces choix ne provenaient pas de ma volonté, ils s'imposaient. Le lendemain, j'ai coupé la ligne en neuvième position, après l'une de mes plus belles courses!

Durant douze jours de navigation, je n'ai pas regardé ma cible: la ligne d'arrivée. Je suis restée fidèle à mes résolutions de m'économiser et de me préserver de mes attentes; j'ai beaucoup réfléchi quant à ma stratégie, mais je n'ai pas quitté mon ancrage corporel. La prouesse que j'ai réalisée m'a étonnamment coûté moins d'énergie que beaucoup d'autres courses qu'il m'avait semblé rater. Mon déficit de force, c'est la justesse qui l'a comblé.

Le Retour à la Base m'a donné l'occasion de vivre des moments d'une qualité exceptionnelle, qui m'en ont rappelé d'autres, vécus en navigation, en danse ou en méditation. Dans ces moments particuliers, je me suis totalement oubliée, absorbée dans mon activité; j'ai accepté les risques et notamment celui d'échouer; j'ai perdu de vue mes objectifs – mais sans les oublier; j'ai vécu le plaisir de l'instant; je me suis sentie reliée à mon environnement, et étonnamment relâchée malgré l'effort et l'engagement. Ces quelques jours, heures ou minutes de plaisir et de réussite ont-ils été provoqués par mon état d'esprit ou ma préparation? Je l'ignore, mais la profondeur qui s'est glissée dans tout ce que j'aborde semble avoir augmenté leurs occurrences. Et le fait de vivre ces expériences inoubliables a renforcé mon goût et ma curiosité envers ce qui se passe à l'intérieur de moi.

Agir sans jamais s'arrêter pour écouter et ressentir était normal dans le passé, c'est devenu contre-nature. Cela reviendrait à renoncer à la moitié de mes capacités. J'ai la certitude aujourd'hui que diriger mon action, quelle qu'elle soit, vers l'intérieur aussi bien que vers l'extérieur, double sa puissance et sa résonance. Loin d'en annuler la force, comme on pourrait le supposer, ce mouvement, en apparence paradoxal, l'augmente.

Les vents portants et les conditions de mer difficiles que j'ai rencontrées dans le Retour à la Base m'ont fait penser aux mers du Sud que j'allais bientôt retrouver. Je sais maintenant que je peux les franchir en m'y prenant d'une autre manière qu'en 2020. Alors, je ne peux m'empêcher de penser à Martha Rodezno, la danseuse avec qui je prépare régulièrement des performances. Elle, dont les enseignements m'accompagnent dans différents domaines de ma vie, transmet à ses élèves l'art d'être profondément soi à chaque moment de l'improvisation. Le silence, le point d'appui, l'accueil de son état, l'attention tournée autant vers l'intérieur qu'à l'extérieur, le vide qui rend possible un appel d'air, l'acceptation de ce qui est comme de ce qui n'est pas, en sont le point de départ. Martha nous apprend que la justesse peut nous conduire aussi loin, voire plus, que la technicité. Que dans la danse, la réussite dépend avant tout d'un critère, aussi simple à comprendre que difficile à réaliser : l'incarnation de qui nous sommes au-delà ou en deçà de toute tentative de réussir.

Bientôt, je partirai courir le Vendée Globe pour la deuxième fois. Rien n'aura changé, ni mon bateau qui est exactement le même qu'en 2020, ni mon équipe, ni mon sponsor, ni moi. Je partirai depuis un équilibre aussi précaire qu'il y a quatre ans, avec toutes mes peurs et surtout celle d'échouer encore une fois. Pourtant, rien ne sera pareil. Mes doutes seront toujours présents, mais je ne les chasserai plus. Une épreuve de cette ampleur révèle nos forces aussi bien que nos failles et donne à voir comment, souvent, ce sont les mêmes. Avec elles, je partirai pour me laisser traverser par toutes sortes d'états et vivre à nouveau dans la constante contradiction. Je vais me préparer au maximum, pour finalement improviser ; je vais croire en mes objectifs, mais accepter l'échec ; je vais me connaître bien mieux, mais me redécouvrir encore. Puis, loin de m'en lasser, je vais goûter à tout ce que m'apporte le fait de dépasser tous ces contraires et d'intégrer ces paradoxes. Je vais traverser à nouveau la perte de sens pour toujours mieux comprendre – ou plutôt percevoir, et continuer à m'enrichir en me dépouillant encore plus.

Riche de mes explorations et de ce rapprochement avec moi-même, je vais finalement commencer à m'oublier ; je vais laisser le mouvement se dérouler et m'emporter.

Mais je partirai surtout pour retrouver le plaisir, en plein milieu du bruit et du chaos, de percevoir une nouvelle fois le silence et l'immobilité.

PRENDRE SOIN DE SOI

avec la collaboration
de Valérie Péronnet

Comme tous les sportifs qui s'engagent dans des compétitions de haut niveau, Isabelle Joschke a d'abord emprunté les chemins balisés de la préparation physique et de la préparation mentale. Elle a passé des heures en salle de musculation, à la piscine, chez le kiné à essayer de gagner en puissance musculaire et en endurance, jusqu'à l'épuisement. Et d'autres heures – parfois les mêmes – à chercher en elle-même les ressources psychiques qui lui permettraient de se lancer, d'affronter, de tenir, de ne pas renoncer, de transformer ses échecs ; de traverser. Mais ça ne marchait pas. Pas assez en tout cas pour qu'elle se sente en pleine confiance et capable de s'engager sans arrière-pensées dans ce qu'il lui était donné de vivre, et surtout dans ce qu'elle avait envie d'expérimenter.
Petit à petit, elle a compris pourquoi les entraînements traditionnels ne lui convenaient pas. Au lieu d'augmenter ses forces, ils les épuisaient, car tout était dissocié. Ces préparations lui permettaient de disséquer ses mouvements, ses tâches, ses objectifs, ses intentions, ses sensations, prétendument pour les approfondir et mieux les maîtriser, mais rien ne l'aidait à rassembler ces éléments, à les imbriquer.
Par ailleurs, personne ne lui parlait, jamais, du repos. Comme s'il ne faisait pas partie du processus !
Peu à peu, Isabelle a senti qu'elle avait envie – et impérativement besoin – d'une démarche holistique qui lui permettrait de se recomposer et de se reposer. Alors elle s'est mise en quête d'autres méthodes, d'autres pratiques, sans imaginer qu'elle se lançait, là encore, dans une incroyable traversée, pleine de péripéties. Un cheminement qui allait transformer sa perception de son corps, de ses pensées, de sa structure psychique et de son rapport à l'ensemble de son environnement.

Tout est souvent affaire de rencontre. Durant ces dix dernières années de quête, Isabelle a régulièrement fait la connaissance des bonnes personnes au bon moment. Nous avons choisi de partager ici, de façon la plus simple possible, les « outils » qu'elle mentionne dans son récit.

Se respecter

« La première expérience qui a changé ma vie, c'est la lecture du livre de Christophe André, psychiatre et psychanalyste, *Méditer jour après jour*[1]. J'ai commencé à pratiquer ses exercices parce que cela me faisait du bien. Laisser le silence s'installer en moi, prendre conscience de mon corps, de mon état et de ce qui m'entoure est devenu une hygiène quotidienne dont j'ai très vite eu besoin pour me sentir bien.

Dans la foulée, j'ai essayé plusieurs techniques dites « douces » : sophrologie, relaxation, automassage... J'ai testé la méthode Mézières, une forme de kiné qui m'a mieux convenu parce qu'elle prend en compte les chaînes musculaires. Je me suis initiée au Do In, une technique japonaise d'automassage assez efficace, dérivée du shiatsu et basée sur les principes de la médecine traditionnelle chinoise. J'ai aussi cherché d'autres manières de m'alimenter ; j'ai commencé le yoga... Et puis un jour, j'ai découvert la communication non violente (CNV) et c'est comme si j'avais trouvé le fil d'une bobine que je n'ai plus cessé de dérouler. »

La communication non violente

La CNV[2] est présentée à la fois comme une technique de communication ou de développement personnel et un outil au service du changement social. C'est un ensemble de moyens concrets imaginés

1. Éditions L'iconoclaste, 2011.
2. cnvfrance.fr

pour aider à retrouver la connexion à l'autre, au-delà des jugements, des critiques et des reproches.
Le principe de la CNV est d'encourager à développer un regard, une écoute, un langage qui favorisent la coopération, au lieu de nourrir la peur, la culpabilité ou la critique. Son processus prévoit de passer systématiquement par quatre étapes :
- l'observation : on décrit la situation en se limitant aux faits ;
- le ressenti : on exprime comment on se sent dans cette situation à partir de ses ressentis corporels ;
- les besoins : on identifie quel(s) besoin(s) motive(nt) ce ressenti ;
- la demande : en fonction de ce qui a été observé, ressenti, et du besoin identifié, on formule clairement sa demande.

« Qu'est-ce que la CNV a à voir avec ma préparation pour la navigation ? Tout. Absolument tout ! En m'appuyant sur certains de ses principes, j'ai appris à utiliser mon corps pour percevoir mes émotions, identifier mes besoins et mieux me comprendre, ce qui est infiniment précieux. J'ai également pris conscience, très vite, que si je suis violente avec moi-même, je le suis d'autant plus avec mon entourage. Pour autant, je ne suis pas une adepte inconditionnelle. La CNV est loin d'être une baguette magique. Je ne me suis pas débarrassée de ma violence. Je crois qu'on porte tous en nous une certaine violence parce qu'on est des humains, mais qu'on l'exprime de manière différente. L'avoir compris me permet de ne plus culpabiliser quand je me mets en colère. Je ne suis pas soudainement devenue une bonne communicante, mais j'ai appris que la reformulation est une solution simple et efficace pour éviter de s'enfoncer dans l'incompréhension. Il me semble que la CNV permet d'échanger avec plus d'authenticité et de liberté que nous le faisons habituellement. Son influence sur moi a été énorme, essentiellement en ce qui concerne ma relation à moi-même. Elle me rend capable de me positionner de mieux en mieux. Pas seulement sur mon bateau, mais aussi dans tous les aspects de la vie. »

Remettre le corps au centre

La pédagogie perceptive

La méthode a été fondée dans les années quatre-vingt par Danis Bois[1], kiné, ostéopathe et docteur en sciences, qui a développé un « toucher de relation » ainsi que la gymnastique sensorielle et l'introspection sensorielle. Appelée aussi somato-psychopédagogie, elle propose de s'appuyer sur son expérience corporelle pour développer des capacités relationnelles envers soi-même. L'objectif est de débloquer des situations et de gagner en liberté à partir de trois piliers : la méditation, le mouvement sensoriel et la fasciathérapie.

> « En me formant à la CNV, j'ai entendu parler d'une méthode de soin et de développement qui faisait écho aux besoins que j'avais identifiés. La pédagogie perceptive s'est proposée à moi comme une sorte de cadeau correspondant au genre de préparation globale à laquelle j'aspirais. Elle m'a apporté une nouvelle et précieuse perception de mon corps et de la manière dont il est relié à mes pensées.
> Je la pratique notamment avec Philippe Ropert, qui explique ainsi son principe : "En travaillant les fascias[2], on redonne de la souplesse à tout le corps et on unifie l'être. C'est une méthode d'écoute globale du corps visant à retrouver ses axes, ses

1. danis-bois.fr
2. Les fascias sont les tissus internes dans lesquels circule la lymphe, et qui entourent et relient nos organes et nos muscles.

orientations, son amplitude, son élasticité, et à l'accorder à ses propres rythmes. En plus du travail sur les fascias, la pédagogie perceptive permet à chacun de se percevoir et de puiser des informations dans son ressenti. La gymnastique sensorielle utilise un mouvement lent qui permet de bouger avec un effort musculaire *a minima*, d'en avoir une perception très fine et de développer ses capacités autothérapeutiques. Cette thérapie globale, enrichie par la méditation, propose d'accorder le corps et l'esprit pour améliorer toutes sortes de problématiques, corporelles ou psychiques, comme le stress, les dérèglements du sommeil ou de la digestion, les angoisses… Elle ne s'adresse pas seulement aux sportifs de haut niveau, comme Isabelle ou les footballeurs et basketteuses avec qui je l'utilise, mais aussi à tout un chacun." »

Premier pilier: la méditation

Méditer demande de s'arrêter. Confortablement installé dans une posture qui permet la détente sans mener à l'endormissement, on fait le vide et le silence pour explorer, en conscience, les états de son corps (sensations, émotions, sentiments, états d'âme) et ses états et gestes mentaux (intention, attention, pensée, décision). Pratiquée individuellement ou en groupe, guidée par un accompagnateur (présent ou audio/vidéo) ou pas, la méditation invite à apprivoiser le silence et l'immobilité, pour convoquer progressivement les perceptions profondes de son corps et de tout son être.

Danis Bois a développé la méditation en pleine présence[3] qui propose d'apprendre à méditer, mais aussi d'apprendre de son introspection. Il s'agit de « faire des ponts, des liens, entre son expérience intérieure et sa vie quotidienne ». Cette méthode invite à « s'autoanalyser, à mobiliser une autoconscience, à s'autoréguler et à activer des potentiels dormants ».

3. pleinepresence-mdb.fr

« Assez vite, la méditation a pris une grande place dans ma vie. J'ai longtemps essayé de la pratiquer en mer, sans trop de succès, jusque très récemment. Petit à petit, j'ai opté pour la méditation en pleine présence, qui s'appuie sur les sensations corporelles. Je dirige mon attention vers chaque partie de mon corps, puis vers toutes ces parties en même temps jusqu'à en avoir une perception globale. Puis j'y intègre mon environnement. Cette qualité d'écoute me permet d'être à la fois en totale connexion avec ce qui se passe à l'intérieur de moi et avec ce qui se passe à l'extérieur.

En me tournant vers les sensations fines que me donne mon corps, en y portant une attention plus aiguë, c'est comme si je redécouvrais tout ce qui m'entoure. Grâce à la méditation, mes sens se sont affinés, et avec eux mon intuition. J'ai constaté à de nombreuses reprises que si je suis en mesure d'être connectée à la fois avec ce qui se passe à l'intérieur et à l'extérieur de moi et de faire le lien entre ces sensations, alors je suis capable de prendre des décisions d'une grande justesse. Même si elles semblent aller à l'encontre de ce que mon mental me dicte.

J'ai donc pris l'habitude de m'arrêter, de rester immobile et de me placer dans le silence. Pour moi, le vide qui s'installe, c'est le début de tout. Un socle fondamental, un point de départ indispensable, une porte d'entrée vers mon intériorité, cet univers vivant qui contient tant d'informations susceptibles d'être révélées. Et qui parfois me donne à vivre des expériences étonnantes. »

Deuxième et troisième piliers : la fasciathérapie et le mouvement sensoriel

La fasciathérapie[4] est une thérapie manuelle qui mobilise l'ensemble de ces tissus appelés aussi « tissus conjonctifs ». Elle a été

4. fepapp.fr ; fasciafrance.fr

conceptualisée par Danis Bois qui a développé la pédagogie perceptive en lui associant la gymnastique sensorielle et la méditation. Concrètement, durant les séances, le patient est allongé sur la table de travail et le praticien mobilise ses fascias avec des massages très légers. Puis il lui fait exécuter des mouvements simples et très lents, ponctués de pauses durant lesquelles tout son être est à l'écoute de ce qui se passe en lui.

> « Avec la fasciathérapie, j'ai compris – je devrais dire « senti » – que mon corps stocke tous les chocs traumatiques dans des points de fixité. Dénouer ces fixités, c'est gagner de l'énergie. La fasciathérapie débusque ce qui est figé pour le remettre en mouvement. Quant à la gymnastique sensorielle, je l'ai tout de suite appréciée. Que les mouvements soient codifiés ou libres, la lenteur me permet de sentir mon corps plus vivant, plus habité, plus dense. Ça me met dans une énergie différente et agréable, structurante, qui me fait du bien physiquement. Martha, ma prof de danse sensorielle, a coutume de dire qu'en bougeant de cette manière, on devient son propre ostéopathe. Je suis complètement d'accord avec elle ! »

Se renforcer dans la souplesse

La méthode Pilates

Cette méthode non agressive de renforcement musculaire[1] qui porte le nom de son inventeur, Joseph Pilates, entraîneur sportif allemand, se pratique au sol ou à l'aide d'appareils. Il s'agit de stimuler et de « recruter » les muscles profonds, pour atteindre un développement harmonieux et global du corps en réduisant la pression sur les articulations. En développant la capacité d'utiliser tout son corps pour un même mouvement, et pas seulement le membre mobilisé, on retrouve peu à peu motricité, tonicité musculaire, autonomie et équilibre.

> « Dès ma première séance, j'ai senti que c'était exactement ça que je voulais : mettre en œuvre tous mes muscles, même ceux dont j'ignorais l'existence, pour produire un effort. Au lieu de gonfler les muscles, on cherche à les allonger en même temps qu'on les renforce. Petit à petit, j'ai mis en fonction ceux que je n'utilisais pas jusqu'alors, et ma musculature s'est transformée. Le Pilates m'a aidée à recréer de l'équilibre, à développer la souplesse et la mobilité de chaque recoin de mon corps, en même temps que ma force. Mieux, il m'a permis de comprendre par l'expérience que c'est parfois en relâchant un muscle en plein effort qu'on gagne en puissance et en endurance. Ce qui paraît

1. fpmp.fr

contre-intuitif autorise pourtant une réorganisation globale qui conduit à un engagement musculaire encore plus efficace. Je mesure à quel point cette approche peut être une extraordinaire source d'énergie ! »

Se laisser traverser

L'improvisation

Isabelle a beau se préparer minutieusement, essayer de penser à tout, anticiper jusqu'à l'extrême, prévoir le moindre aléa, il faut bien admettre que la course au large c'est aussi, et peut-être même surtout, beaucoup d'imprévus. Comment, dès lors, se préparer à ce qu'on ignore, tout en étant certain que la situation va se présenter, et généralement au pire moment? La réponse est à la fois une évidence et une prouesse: il faut savoir improviser. Et l'improvisation, ça s'apprend; c'est en tout cas ce que proposent cours et stages d'improvisation chantée, dansée, jouée.

> « J'ai fini par comprendre que la posture d'improvisation est totalement réceptive: en étant à l'écoute des informations qui me viennent de mon état, en tenant compte de l'élan de mon corps et de ce qui se passe à l'extérieur, je suis capable de faire confiance à mon intuition. Je commence à mettre ce processus en place lorsque je suis en course, et je cherche à le développer. Lorsque je pratique l'improvisation en dansant ou en chantant, j'apprends à faire le vide et le silence pour me mettre à l'écoute, malgré la peur et l'urgence. Comme dans une méditation, mais en mouvement, échapper à mon mental affolé et m'intérioriser. M'ouvrir entièrement à ce que je perçois, l'accueillir, l'écouter et m'en servir comme terreau pour avancer; laisser mon corps – tout mon être – faire ce qu'il a à faire. »

Lâcher prise

Les hypnoses

Il existe plusieurs types d'hypnose. La plus connue et la plus couramment pratiquée est l'hypnose dite « ericksonienne[1] ». On la définit comme un état de conscience modifiée, éveillé mais voisin du sommeil, qui permet de faire abstraction de la réalité environnante. Le sujet plonge dans une sorte de « rêve » conscient.

D'autres courants se sont développés, comme l'Eye Movement Desenstization and Reprocessing (EMDR) ou l'eïnothérapie, qu'Isabelle a testés et avec lesquels, finalement, elle se sent plus en phase.

> « Évidemment, j'ai essayé l'hypnose, car elle m'a semblé être dans la continuité de ce que j'expérimentais avec la méditation. Tout ce qui me permet de me libérer des injonctions de mon mental est précieux pour mes traversées. Et, plus largement, dans ma vie.
>
> J'avais néanmoins un gros doute sur ma capacité à lâcher le contrôle, et j'avais raison : l'hypnose ericksonienne n'a rien donné sur moi. Ce qui ne veut pas dire qu'elle est inefficace ! Simplement, elle ne m'a pas convenu. Il fallait que j'essaie pour le savoir. Et c'est en cherchant que j'ai trouvé l'hypnose qui me correspond le mieux. »

1. La forme la plus pratiquée dans les cabinets d'hypnothérapeutes, durant laquelle la voix du praticien guide et suggère une sorte de voyage intérieur.

L'EMDR

L'Eye Movement Desenstization and Reprocessing (EMDR)[2] est une technique d'hypnose basée sur la désensibilisation et la reprogrammation du cerveau par des mouvements oculaires. Elle est réputée très efficace pour réparer les états post-traumatiques. On ne sait pas encore très bien expliquer cette efficacité, mais on connaît de mieux en mieux les phénomènes post-traumatiques : quand on est confronté à une grande peur, que la cause en soit réelle ou pas, cette peur provoque un blocage dans le système nerveux. Il se dérègle et peut produire différents symptômes : hallucinations sensorielles, angoisse, stratégies d'évitement, état de stress intense et chronique, attaques de paniques…

En quelques séances, l'EMDR semble pouvoir « reprogrammer » le cerveau, non pas en faisant disparaître de la mémoire l'événement traumatique, mais en le remettant à une place où il n'affole plus tout le système d'alerte en cas de danger. Ce processus permet au sujet de reprendre une vie normale.

La méthode est de plus en plus utilisée, y compris dans les hôpitaux, pour aider les personnes agressées, les soldats de retour du front, les victimes d'accidents petits ou grands…

> « La thérapeute avec qui je faisais des séances d'hypnose ericksonienne m'a proposé un jour de tester l'EMDR. En une seule séance, j'ai échappé à la peur irrationnelle de casser mon bateau en naviguant sous spi dans le gros temps. Je l'avais déjà cassé dans ces circonstances qui m'avaient vraiment secouée. L'effet de l'EMDR a été radical et fulgurant. J'ai alors compris que certains "incidents" ou accidents ont eu ou continuent d'avoir un impact sur ma vie plus important que je ne l'imaginais. »

2. emdr-france.org

L'eïnothérapie et l'autohypnose

Le psychologue et hypnothérapeute Bernard Sensfelder a développé l'eïnothérapie[3] – en grec, *eïna* signifie « être » – dans le sillage de l'approche du grand hypnothérapeute François Roustang et en s'appuyant sur les neurosciences et le zen. Le principe consiste à fermer les yeux, à s'abandonner à l'hypnose pour que le mental lâche prise et que le corps « travaille » seul. L'unique chose à faire est de laisser monter les tensions qui se manifestent au moment de la séance, sans chercher à s'en débarrasser.

Quant à l'autohypnose, elle consiste à pratiquer cette forme d'hypnose sans l'intervention d'un thérapeute.

> « Je maîtrise bien l'eïnothérapie désormais. Elle me permet de combiner méditation et improvisation dans une posture où je suis réceptive et intuitive avec la plus grande justesse possible.
>
> J'ai d'abord essayé l'autohypnose que propose Bernard Sensfelder dans ses livres et vidéos, parce qu'elle est simple à mettre en place et que j'avais des facilités à me connecter à mon corps.
>
> Cette pratique s'est révélée efficace pour libérer des tensions accumulées au fil des années, et notamment durant mon premier Vendée Globe. Cette découverte formidable a marqué le début d'une grande période d'introspection. Toute seule, au rythme qui me convenait, grâce à l'autohypnose j'ai libéré pas mal d'émotions figées en moi depuis longtemps. Comme si je déminais mon propre terrain.
>
> Peu à peu, je me suis approprié l'outil, jusqu'à pouvoir m'en servir à bord pour la première fois en 2022, et en faire un atout que je n'aurais pas soupçonné.
>
> J'ai si bien accroché avec cette pratique simple et efficace que j'ai décidé de m'y former.

3. bsensfelder.com

Désormais, pendant les courses et dans les moments clés de ma vie, quand je sens que les vieux schémas se remettent en route, je suis capable de les désamorcer. Je ferme les yeux et je laisse monter les tensions corporelles, je leur fais toute la place sans les empêcher de vivre à l'intérieur de moi, puis je laisse mon corps agir. Je sais que tous mes traumas sont des fixités inscrites dans mes fascias ; si je me mets en état de réceptivité, en lien avec moi-même, à l'écoute de ce qui se passe en moi, je m'en libère. Et je peux reprendre ma liberté, au lieu d'agir en fonction de mes cicatrices inconscientes, de mes peurs, de mes culpabilités. C'est profondément libérateur. Et incroyablement efficace. »

Vibrer

Le kototama

Le kototama, que l'on pourrait traduire du japonais par « mots-âmes » ou « paroles sacrées », est une forme de méditation spirituelle chantée, issue de la tradition shintoïste. Elle s'appuie sur les vibrations de cinq sons principaux. Des études scientifiques révèlent les immenses bienfaits de ces soins vibratoires.

> « J'ai toujours été persuadée que je n'avais aucun talent ni même aucune capacité pour chanter, puis j'ai découvert le kototama. Pendant plus d'un an, j'ai pratiqué ces sons tous les matins. J'ai tout de suite aimé l'état dans lequel cela me met. La vibration de ma voix installe un calme et un bien-être en moi qui perdure pendant des heures. Peu à peu, ma voix a pris du corps, et cela m'a donné envie d'explorer le chant un peu plus en profondeur. »

La méthode Tomatis

Alfred Tomatis[1], un médecin ORL français, s'est appuyé sur le fait que 80 % des messages sensoriels reçus par le cerveau passent par nos oreilles, pour démontrer qu'elles sont le plus puissant intégrateur sensoriel de notre corps. Considérant que l'analyse du message sonore par l'oreille et le cerveau comporte une dimension émotionnelle, il a développé une méthode visant à « retrouver son

---

1. tomatis.com

plein potentiel d'écoute pour stimuler efficacement le cerveau». Elle est précieuse pour soigner les troubles moteurs, émotionnels ou cognitifs.

«Après mon premier Vendée Globe, j'ai eu envie d'apprendre à chanter. Pour le plaisir. J'ai essayé la méthode Tomatis, car je me pensais incapable de monter dans les aigus. J'avais longuement expérimenté les graves avec le kototama, mais ce qu'on appelle la voix de tête ne me parlait pas. J'ai découvert alors que j'ignorais presque tout de ma voix, dont je ne m'étais presque jamais servi autrement que pour parler, et encore, pas toujours.»

Le chant intuitif

Après avoir rencontré Alfred Wolfsohn, professeur de chant qui considérait la voix comme la partie la plus révélatrice de la psyché humaine, le comédien sud-africain Roy Hart a fondé dans les Cévennes le Roy Hart Theatre[2], haut lieu de recherche autour de la voix, tant comme outil thérapeutique que comme instrument artistique. Artistes professionnels ou amateurs du monde entier s'y retrouvent dans l'idée d'explorer leur voix – que Roy Hart appelait «le muscle de l'âme» – et de «chanter pour aller bien». Le chant intuitif fait partie des techniques du Roy Hart Theatre.

«C'était après le Vendée Globe, lors d'une période de reconfinement que j'ai passée chez des amis en Ariège. Juste après avoir découvert la méthode Tomatis, j'ai rencontré Michèle qui donnait des cours de chant intuitif. Elle m'a permis de "dérouiller ma voix" en quelques séances. À partir de là, j'ai pris confiance et me suis promis de chanter plus souvent au quotidien.»

---

2. roy-hart-theatre.com

L'eïnophonie

L'eïnophonie[3] est née de la collaboration de Bernard Sensfelder et Benjamin Grenard qui ont associé l'eïnothérapie et la technique du souffle-voix. Il s'agit de prolonger le travail hypnotique par le chant, en libérant ce qui fait blocage et en apportant la force de son incarnation.

> « C'est époustouflant ! Chanter en état d'hypnose approfondit cet état qui rend possible un lâcher-prise et permet au son de sortir avec justesse et puissance. C'est un moment de liberté et d'authenticité où je suis absolument et uniquement moi-même, allégée de tous mes personnages. J'aime énormément cette pratique qui, à sa manière, m'aide à m'ancrer dans mon corps tout en me relâchant, comme je le fais par ailleurs avec le mouvement sensoriel ou le Pilates. Elle me met dans cet état d'écoute et de réceptivité qui est le point de départ de l'improvisation et de la performance. Peut-être est-ce une autre voie d'accès à toute forme de performance ?

*

Il y a eu cette deuxième nuit de la Route du Rhum, en 2018, où j'ai démâté en pleine tempête. Au petit matin, le soleil s'est levé sur mon bateau sans mât, aussi incontrôlable qu'une coquille de noix, l'éclairant d'un halo jaune pisseux au milieu du gris. J'étais ultra-fragile et totalement impuissante, poussée par le vent d'ouest et les vagues d'ouest qui me ramenaient vers la Bretagne. À moitié réveillée, je me suis assise dans le cockpit et j'ai commencé à produire des sons pour libérer le nœud que j'avais dans le ventre. Au bout d'un moment, j'ai vu arriver un premier groupe d'une dizaine de baleines globicéphales. Puis un deuxième,

3. eino-formation.com ; du-souffle-a-la-voix.com

un troisième, et un autre encore. Elles me rattrapaient avec la vague et restaient un instant avec moi avant de me doubler…

Elles sont arrivées comme par magie lorsque j'ai fait entendre mon chant libérateur. Une cinquantaine, peut-être plus ! Elles sont ensuite reparties, puis elles sont revenues le soir même lorsque j'ai recommencé à chanter. Je ne les ai pas rêvées. »

Ralentir

« Depuis que je cherche activement comment prendre soin de moi, ma vie a complètement changé, tout comme ma façon d'aborder les courses. En prenant le temps de m'arrêter pour écrire ce livre, j'ai mesuré à quel point ce cheminement m'avait "déplacée", ou plutôt "replacée" sur mon axe. Je découvre qu'une des constantes de ma vie d'aujourd'hui, y compris lorsque je me trouve au milieu d'une compétition très dure qui m'expose à la violence et à la sauvagerie des éléments, c'est la… douceur. La lenteur. L'immobilité, la respiration, le silence.

L'immobilité

« En pédagogie perceptive, chaque mouvement – très lent – est séparé du suivant par un temps d'arrêt, un "point d'appui" à la faveur duquel le corps enregistre le mouvement qui vient de s'achever et se prépare au suivant. Cet arrêt est aussi important que le mouvement lui-même : il permet de lui donner la place dont il a besoin, de le laisser arriver au bon moment et, de ce fait, d'être parfaitement juste.

Ce principe du "point d'appui" m'a séduite, si bien que j'ai eu un coup de foudre pour la pédagogie perceptive. L'immobilité permet de récupérer de l'action qui prend fin, d'écouter l'état dans lequel elle m'a mise et de me préparer pour l'action suivante. Dans l'arrêt, il se passe énormément de choses dont je n'ai pas forcément conscience. C'est comme une germination invisible, qui laisse le temps et la place à la justesse et à la profondeur.

Je cultive le réflexe de ce précieux "point d'appui" depuis assez longtemps maintenant, pour qu'il soit ancré en moi. Là encore, il se produit un cercle vertueux, une réaction en chaîne : le "point d'appui" permet de récupérer et la récupération est le point d'appui de l'action ; je suis même certaine qu'elle lui donne son meilleur potentiel."

La respiration

« À l'exact opposé des entraînements agressifs de mes débuts, les sports "doux" sont devenus mon hygiène de vie, le socle sur lequel je m'appuie pour être en pleine vitalité et rester en bonne santé. Toutes ces activités ont un point commun : l'attention particulière portée à la respiration.

Le souffle est au cœur de la méditation que je pratique quotidiennement. Et même si le moment ne permet pas de méditer, il est toujours possible d'utiliser les techniques très simples de la cohérence cardiaque. En l'espace de cinq minutes, elles parviennent à synchroniser le rythme du cœur et celui de la respiration. Debout ou assis, il suffit de faire six respirations par minute durant cinq minutes – inspirer cinq secondes par le nez, puis expirer cinq secondes par la bouche en vidant le ventre, six fois de suite. On peut répéter l'exercice trois fois par jour. C'est une manière, accessible à tous, de se calmer, de réguler ses douleurs et d'agir de façon bénéfique sur son stress, pour obtenir une sorte de réharmonisation dont le bienfait se ressent immédiatement. Ce serait dommage de s'en priver !

Dès que c'est possible, je prends aussi le temps de marcher. J'adore la marche afghane qui consiste à caler le rythme de mes pas sur celui de ma respiration, en pleine conscience. J'économise ainsi mes efforts, corps et esprit s'apaisent presque immédiatement, et ça me régénère. J'ai appris à synchroniser mes pas et mon souffle selon un rythme choisi en fonction du terrain et de mes besoins, à l'instar des caravaniers afghans qui sont des exemples de résistance hors norme. »

Le silence

« Et bien sûr, il y a le silence. Je dirais simplement qu'il est vital, essentiel pour la mise en place de tout que nous venons d'évoquer. »

Plus grand que nous

« Et puis, il y a "tout le reste", les "pistes" que je ne développerai pas ici, mais qu'il serait malhonnête, à mes yeux, de taire complètement.

Tout au long de mon épopée préparatoire, au cours de laquelle j'ai essayé une multitude d'approches, emprunté tant de chemins et expérimenté d'innombrables sensations, j'ai eu la chance et le bonheur de rencontrer ce que je cherchais, escale après escale. Cela m'a menée, souvent, là où je n'avais pas imaginé aller, et même encore plus loin, vers un lieu que je ne sais pas nommer – mais est-ce vraiment utile ? –, un "plus grand que moi" qui n'a pas fini de m'émerveiller.

Il y a la kiné crânio-sacrée, une technique manuelle douce mise au point par un ostéopathe et qui consiste à appliquer une légère pression sur les os du crâne et du visage ainsi que sur la partie inférieure de la moelle épinière s'étendant jusqu'au sacrum. Les séances me mettent dans un état de relaxation si profond que surgissent alors des souvenirs enfouis parfois très loin. Comme si mon corps détenait en lui toutes les informations de ce qui se passe ou s'est passé "ailleurs" dans ma vie. Et même peut-être dans d'autres vies.

Il y a la pratique régulière des constellations familiales[1], une méthode imaginée par Bert Hellinger, jésuite et psychanalyste, qui

1. Bert Hellinger et Gabriele ten Hövel, *Constellations familiales*, Éditions Le Souffle d'or, 2001. ffpcs.fr

permet aux participants d'un groupe thérapeutique de rejouer, en changeant de place et de point de vue, leur histoire personnelle et familiale ou même l'histoire de leurs ancêtres, leurs héritages conscients ou inconscients. J'y retrouve à chaque fois l'importance des héritages transgénérationnels et les conséquences qu'ils peuvent avoir sur ma propre vie. J'y découvre surtout qu'on peut se libérer de ces héritages et de toutes ces histoires qui ne nous appartiennent pas.

Il y a la respiration holotropique (du grec *holos* qui veut dire "le tout" et *trepein* qui signifie "se déplacer"), inventée par le psychiatre Stanislav Grof. Cette méthode d'exploration de soi et d'expansion de la conscience utilise la puissance de la respiration et de la musique pour franchir les barrières habituelles de la perception. Elle provoque l'entrée dans un état de conscience modifié permettant à l'esprit de changer de mode de fonctionnement.

Il y a cette incroyable sensation de *flow* que j'ai eu la chance de ressentir à plusieurs reprises; cette sorte d'état de grâce, en pleine action, où tout semble aligné et juste. Une expérience d'oubli de soi mais de présence totale, de facilité, d'accomplissement, fluide et hors du temps, dans une puissante et profonde tranquillité.
En étudiant ce qu'en disent les scientifiques, j'ai trouvé trois pistes, présentées par Claudia Nottale[2], chercheuse et formatrice en pédagogie perceptive: "l'expérience paroxystique", décrite par le psychologue Abraham Maslow[3], qui parle d'expériences

---

2. Comédienne et metteur en scène, Claudia Nottale est diplômée de l'université Fernando Pessoa de Porto où elle a soutenu son mémoire de master: «Contenus de vécu et processus à l'œuvre dans l'introspection sensorielle sur le mode du sensible» (2014).
3. Connu pour sa «pyramide des besoins» (physiologiques, psychologiques de sécurité, d'appartenance, d'estime, de réalisation de soi) utilisée dans la gestion des ressources humaines en entreprise.

exceptionnelles, ponctuelles et fugitives d'états modifiés de conscience durant lesquels l'homme est au meilleur de lui-même ; « l'expérience optimale », expliquée par le psychologue Mihaly Csikszentmihalyi[4] comme une sorte de version maximale de soi, une fusion corps-esprit où la conscience élargie est connectée à l'univers ; « l'expérience intuitive », étudiée par la chercheuse et enseignante en sciences cognitives Claire Petitmengin[5], qui allie lâcher-prise, connexion, écoute et intuition, en mettant au centre l'attention aux perceptions corporelles.

Il y a surtout ma curiosité pour ce « changement d'état » qui m'intrigue et m'ouvre les portes de la spiritualité. Et mon envie de continuer d'explorer la transe avec d'autres pratiques, d'autres cultures.

Il y a, toujours, mon émerveillement face à cette incroyable traversée qu'est l'existence et à tout ce que j'ai encore à découvrir, corps et âme. »

---

4. Il a développé le concept de *flow* à partir des années soixante-dix.
5. Professeur émérite à l'Institut Mines-Télécom Business School.

Table des matières

Remerciements

À Rolf, Mireille et Christian.

À Morgane, Chloé, Cécile, Julie, Bérénice et Célia. À Claudia, Julien, Kristel et mes amis du Petit Paradis. À Valérie Clavel et Florent Viennot.

À Jean-Pierre Gaboriaux, Jean-Claude Kieffer, Sonia et Michel Laude, Édith et Luc Grouhel. À Solène et Ludovic Nicolas, et à Thierry Martinez. Merci de m'avoir accueillie et soutenue quand j'en avais besoin.

À Françoise et Éric Lombard, à qui je dois tant, et à Oliver Monin.

Merci à Kristian Abgrall, Chiara Aliprandi, Jean-Luc Begou, Clay Burkhalter, Anne Combier, Sylvie de Ligondès, Françoise Viou d'Estais et Jacques d'Estais, Nadette, Claude, Aude et Guillaume Devalle, à Thierry Fagnent, Nicolas Gilles, Maryline Giroud et les Femmes d'Ici, à Martine Gauffeny, Ronan Gladu, Inca Habedank, Guillaume et Nicolas Jehenne, Philippe Laot, Isabelle Lassègue, Guillaume Lebrec, à Tanguy Leglatin, Isabelle Magois, Claire Marty, Lucas Montagne, Claudia Nottale, Christophe Picard, Aline Penitot, Jacques Prunier, Martha Rodezno, Calou Roine, Philippe et Florence Ropert, Claire Rouchon, André Rouzeau, Alain Vassal, Thierry Vedovati.

Merci à Alain Gautier, Florian Giffrain, Jean-Marie Keryiel, David Leven, Caroline Le Naour, Rémi Lhotellier, Julie Toulorge, Benjamin Souliman, Romain Van Enis, Julie Cornille et à toutes les personnes qui ont participé, de près ou de loin, à la préparationde mes nombreuses courses.

Enfin, je remercie sincèrement les membres de la MACSF ainsi que tous les sponsors qui ont accompagné mes projets.

Merci aussi à Isabelle Fortis et toute son équipe ainsi qu'à tous ceux que je n'ai pas cités ici et qui ne me sont pas moins chers.

Valérie Péronnet est romancière, mais aussi coautrice de nombreux ouvrages autobiographiques et journaliste (valerieperonnet.fr). C'est dans ce cadre qu'elle a rencontré Isabelle Joschke, dont elle a fait le portrait pour *Psychologies magazine*. Son roman *La Maison poussière* est lauréat du prix du Club des lecteurs J'ai Lu 2023. Elle cosigne, avec l'officier de gendarmerie Marie-Laure Brunel-Dupin, les enquêtes de Mina Lacan, profileuse : *Serrer les dents* et *Avant que ça commence* (Hachette et J'ai Lu, 2024).

Achevé d'imprimer en Espagne en septembre 2024 par Liberduplex.